Staunen – Wissen – Entdecken

Ute Friesen
Mein Baden-Württemberg-Buch
Wissensspaß für schlaue Kinder

*Ich widme das Buch allen Lernenden und Lehrenden
am Abendgymnasium Unteres Remstal –
    weil zum Glück auch Erwachsene neugierig sind!*

Ute Friesen

Mein Baden-Württemberg-Buch

Wissensspaß für schlaue Kinder

Mit Illustrationen
von Claudia Carls

emons:

Inhaltsverzeichnis

1. Regionen 6
2. Bevölkerung 20
3. Essen und Trinken 32
4. Mode 48
5. Wohnen 60
6. Feste, Spiel und Sport 78
7. Schule und Arbeit 96
8. Anhang 114
   Weitere Ausflugstipps 114
   Dialekte 118
   Geschichtsepochen 122

Regionen 7

Wie entstanden unsere Landschaften?

Ganz schön jung!

Die Bundesrepublik Deutschland besteht aus 16 Bundesländern. Eines davon ist Baden-Württemberg. Es wurde 1952 durch die Zusammenlegung der Länder Württemberg-Baden, Baden und Württemberg-Hohenzollern gegründet und ist heute das drittgrößte Bundesland – sowohl auf die Fläche als auch auf die Einwohnerzahl bezogen.

Die Geschichte der Erde beginnt lange vor der Geschichte der Menschen. Schon ehe Menschen auf der Erde lebten, haben sich Gebirge und Täler gebildet. Noch heute sehen wir die Spuren, wie sich die Erde in Millionen von Jahren verändert hat. Die Landschaft ist ein Geschichtsbuch, in dem die Geschichte der Erde aufgeschrieben ist.

8 Regionen

Wie entstanden der Bodensee und das Voralpenland?

Bis vor 20 000 Jahren war von Oberschwaben noch nichts zu sehen. Dickes Eis schob sich aus den Alpen als Gletscher ins Land. Das langsam vorwärts rutschende Eis führte Ton, Sand und große Gesteinsbrocken mit sich. Als die Gletscher schmolzen, blieben Findlinge, das sind große Steinstücke, in der Landschaft liegen. Am Ende der Gletscher bildeten sich Hügel aus abgelagertem Schutt. Man nennt sie Moränen. Sie sind heute noch in Oberschwaben sichtbar. Die Gletscher verformten auch die Landschaft. Die Hügel, über denen das Eis lag, sind abgeschliffen und eher rundlich als felsig.

Regionen

Der Bodensee hat sich aus dem Schmelzwasser eines Gletschers gebildet. Auch heute kommt ein Teil des Wassers aus Gletschern der Alpen über Gebirgsbäche in den Bodensee. Bodenseewasser wird heute als gereinigtes Leitungswasser in viele Häuser in Baden-Württemberg geliefert und zum Baden benutzt.

Als es wärmer wurde und die Gletscher schmolzen, blieben die Schottermassen, die sie vor sich hergeschoben hatten, als Hügel zurück.

Ausflugstipp in die Erdgeschichte

BAD BUCHAU: DER FEDERSEE – EIN EISZEITLICHES ÜBERBLEIBSEL

Im Februar kehren die Rohrammern an den Federsee zurück.

NABU-NATURSCHUTZZENTRUM
FEDERSEE
FEDERSEEWEG 6
88422 BAD BUCHAU

Als die Eiszeit zu Ende war, das Klima wieder wärmer wurde und das Eis schmolz, konnte das Schmelzwasser der Gletscher an einigen Stellen des Alpenvorlandes nicht abfließen. So entstand der Federsee. Ursprünglich bedeckte er eine große Fläche. In ihm wuchsen viele Wasserpflanzen. Immer wieder starben Pflanzenteile ab und sanken auf den Boden des Sees. Der See wurde immer flacher und kleiner. Aus den Wasserpflanzen, die sich übereinander stapelten, wurde Torf. Auf dem wie Wackelpudding zitternden, nassen Boden konnten nur niedere Bäume wachsen. Nur an einer Stelle kann man an den See gelangen: Auf dem inzwischen 100 Jahre alten Federseesteg kannst du über das Moor gehen, ohne nasse Füße zu bekommen. Du hörst Rohrammern singen und siehst Teichrohrsänger auf den langen Halmen des Schilfgürtels balancieren.

Der Federseesteg bei Bad Buchau

Regionen 11

Was geschah im Oberrheingraben?

Der Oberrheingraben ähnelt einer riesigen Badewanne. Der Schwarzwald, der Odenwald und der Pfälzer Wald bilden die Ränder dieser ovalen Schüssel. An den Mittelgebirgen geht es steil nach oben. Die Wanne ist nicht mit Wasser gefüllt, sondern wird von einem großen Fluss durchflossen, dem Rhein. Der Grund, warum sich diese Wanne gebildet hat, liegt ganz tief im Inneren der Erde: Die Erdkruste hat an verschiedenen Stellen Risse. Hier im Oberrheingraben dehnt sich diese Kruste aus. Die beiden Seiten des Grabens werden dabei auseinander geschoben. Noch heute wird der Graben breiter, auch wenn das so langsam geht, dass wir das nicht merken. Manchmal bebt im Oberrheingraben die Erde. Es gibt aber selten starke Beben. Die Erde vibriert nur ein bisschen. Die Erdkruste am Oberrheingraben ist nicht so fest wie anderswo. Das kann man auch daran erkennen, dass es dort früher sogar Vulkane gegeben hat, aus denen flüssiges Gestein aus dem Erdinneren nach oben gekommen ist. Der Kaiserstuhl ist der bedeutendste der erloschenen Vulkane.

Total schrille, bunte Vögel!

Am Kaiserstuhl gibt es sogar Tiere, die sonst nur in südlicheren Ländern leben. Der Bienenfresser ist bunt wie ein Papagei. Sein Hals ist gelb, der Bauch türkis und der Rücken braun. Der Vogel fängt im gleitenden Flug Insekten.

Bienenfresser verbringen nur den Sommer am Kaiserstuhl.

Regionen

Im Oberrheingraben ist es heute immer noch wärmer, als irgendwo sonst in Deutschland. Das liegt aber nicht am Vulkanismus, sondern daran, dass von Süden oft warme Luft vom Mittelmeer in die Wanne strömt. Die Wärme lässt im Oberrheingraben Obst und Wein gut gedeihen.

Der Kaiserstuhl war früher ein Vulkan.

Woraus bestehen Schwarzwald und Odenwald?

Wildeleutestein in Heiligkreuzsteinach

Granit heißt das Gestein, aus dem der Schwarzwald und der Odenwald aufgebaut sind. »Feldspat, Quarz und Glimmer, diese drei vergess ich nimmer« – so kann man sich die Zusammensetzung von Granit merken. Alle Gebirge bei uns sind steinalt, aber die Steine dieser Gebirge sind erdgeschichtlich gesehen besonders alt. Granitstein sieht gesprenkelt aus. Feldspat sind die schwarzen Pünktchen, Quarz die weißlichen, milchigen Tüpfelchen, und Glimmer sind die Flocken, die den Granit in der Sonne funkeln lassen. Im Schwarzwald und im Odenwald kommen auch andere Steine vor, etwa Sandstein, aber der Granit überwiegt.

Regionen 13

Warum wächst hier dichter Wald?

Weil auf Granit die Böden zwar feucht, aber nicht gerade fruchtbar sind, gibt es hier nicht viele Äcker. Auf den Hügeln und Bergen wachsen Bäume. An den meisten Stellen im Schwarzwald wächst heute sogar dichter Wald. Dreiviertel der Fläche ist bewaldet. Viele Menschen machen Urlaub im Schwarzwald, um in den Wäldern zu wandern und Tiere zu beobachten. Es gibt sogar seltene Tierarten, die man an keiner anderen Stelle der Erde findet: die Badische Quellschnecke, die nur in kalten klaren Bächen leben kann, in deren Wasser kein Streusalz, kein Dünger aus der Landwirtschaft und kein Staub von Autoabgasen gespült wird. Oder der Badische Riesenregenwurm, der ist ausgestreckt so lang wie ein Zeichenblockpapier (etwa 60 Zentimeter) und ernährt sich von Fichtennadeln.

Da wird's einem schwindelig!

Im Schwarzwald liegt, von Bäumen bewachsen, der höchste Berg unseres Bundeslandes, der Feldberg. Er ist 1493 Meter hoch. Auf ihm steht ein Turm, der gebaut wurde, um von dort aus Radiosendungen auszustrahlen. Von oben können schwindelfreie Kinder und Erwachsene viele Alpengipfel sehen.

Der Feldberg ist der höchste Berg des Schwarzwalds.

Warum war der Schwarzwald früher lichter?

Glas aus dem Schwarzwald

Jahrhunderte lang wurde der Wald immer wieder gerodet, denn man stellte im Schwarzwald Glas her. Dazu brauchte man Quarzsand und jede Menge Holz. Aus dem Holz wurde Kohle gemacht, mit der dann Öfen geheizt wurden, in denen der Sand geschmolzen wurde. Glas entstand. Zum Sand musste man Asche geben, für die ebenfalls Bäume verbrannt wurden. Wenn in der Nähe eines Glasofens kein Baum mehr stand, haben die Glasmacher den Ort verlassen und an einem neuen Platz im Wald ihren Glasofen aufgebaut.

Das hat sich gelohnt, denn Glas war kostbar. Viele hundert Jahre lang konnten sich nur reiche Leute für ihre Fenster Glasscheiben leisten. Noch heute sind alte Glaswaren aus dem Schwarzwald wertvoll. Einige kannst du im Dreiländermuseum in Lörrach, im Franziskanermuseum Villingen-Schwenningen und im Augustinermuseum in Freiburg im Breisgau ansehen.

Auch dort, wo keine Glashütten standen, wuchs im Odenwald und im Schwarzwald nicht so dichter Wald wie heute. Schweine und Kühe weideten im Wald und bissen niedrige Bäume ab. Nur ganz kräftige Bäume, besonders Buchen und Eichen, wurden groß und spendeten den Tieren Schatten. Die Schweine fraßen gerne die Eicheln und Bucheckern. Heute gibt es im Südschwarzwald noch einige der kräftigen Buchen, die nicht höher sind als normale Waldbäume, aber einen viel größeren Umfang haben. Die dicksten dieser Weidbuchen haben einen Stammumfang von rund sieben Metern. Man benötigt mindestens vier Erwachsene, um diese Stämme zu umfassen.

Ein Schweinehirt in einem Hutewald

Was ist eine Gäulandschaft?

Die Gäulandschaften in Baden-Württemberg haben eines gemeinsam: Sie besitzen einen überaus fruchtbaren Boden, den sogenannten Lössboden. Man fasst unter dem Namen Gäulandschaften die Hohenloher Ebene, das Neckartal und auch die Regionen, die Gäu im Namen haben, zusammen: das Schlehengäu, das Heckengäu, das Zabergäu und den Kraichgau. Es gibt in den Gäulandschaften viele Bauernhöfe. In Hohenlohe werden die schwarz-weißen Schwäbisch-Hällischen Schweine gehalten. Aber nicht nur Haustiere leben in den Lössgegenden. In den weichen Böden können an Abhängen viele Wildbienen und Wespenarten ihre Nisthöhlen bauen und dort Eier legen. Auch Mauersegler, die mit 200 Stundenkilometern durch die Luft rasen, brüten in Lösswänden. Die Vögel, die in der Luft elegant und am Boden hilflos sind, haben sich aber auch daran gewöhnt an Gebäuden zu nisten. In Schwäbisch Hall befindet sich am fast 500 Jahre alten »Neubau« über der Stadt eine Mauerseglerkolonie, in der etwa 200 Vögel ihre Jungen großziehen.

Wie lange Menschen schon die Flächen bearbeiten, kann man an den Steinwällen im Schlehengäu sehen. Hier haben die Bauern Generationen lang alle Steine, die sie auf dem Feld fanden, zu Mauern aufgeschichtet. Auf diesen wachsen Schlehenbüsche und schützen die Felder vor den heftigen Winden.

Schwäbisch-Hällische Schweine

Wo liegt das Keuperbergland?

An die fruchtbaren Gäulandschaften grenzt das bewaldete und weniger fruchtbare Keuperbergland an. Zu ihm gehören der Schurwald, der Schönbuch, der Stromberg, der Heuchelberg und der Schwäbische Wald mit seinen engen, tief eingeschnittenen Tälern. Die steilen Täler nennt man Klingen. Hier haben sich Bäche in Jahrtausenden tief in das Keupergestein eingegraben. In diesen Tälern liegen viele Wassermühlen. Große Mühlräder wurden durch das Wasser der zahlreichen Bachläufe angetrieben und sorgten dafür, dass die Mühlsteine sich drehten. Noch in Betrieb ist die Rümelinsmühle in Murrhardt.

Die Hagmühle im Schwäbischen Wald

Versteinerter Krokodilsaurier aus Holzmaden

Wer lebte früher auf der Schwäbischen Alb?

Dort, wo heute die Schwäbische Alb ist, war früher ein riesiges Meer. Du kannst bei Spaziergängen auf der Alb im dunklen Schiefer oder im weißen Kalkstein versteinerte Meerestiere entdecken. Man hat Krokodilsaurier, bis zu 14 Meter lange, dünnhälsige Plesiosaurier und versteinerte Seelilien gefunden. Auch Fischsaurier lebten im Jurameer. Sie legten ihre Eier nicht am Strand ab, wie das andere Reptilien tun. Sie waren perfekt an ein Leben im Wasser angepasst. Ihre Jungtiere schlüpften schon im Körper der Mutter aus dem Ei und wurden direkt im Meer geboren. Die Ureinwohner der Schwäbischen Alb kannst du im Urweltmuseum Hauff in Holzmaden und im Löwensteinmuseum in Stuttgart ansehen.

Durch Zufall bei einer Wanderung einen Dinosaurier zu entdecken, ist eher unwahrscheinlich. Häufig zu finden sind aber Ammoniten, eine Tintenfischart mit einem spiralförmigen Haus, und versteinerte Muscheln. Die Felsen der Alb sind oft schroff abfallende, ehemalige Meeresriffe. Sie bestehen aus Kalk. Kalk löst sich sehr langsam in Wasser, und so hat das Regenwasser, das in den Boden gesickert ist, in Tausenden von Jahren Höhlen in die Berge gegraben. In den Höhlen hängen oft Tropfsteine, die vom herabtropfenden, kalkigen Wasser gebildet worden sind. Schon früh wurde die Alb von Menschen besiedelt, die in der Steinzeit in den Höhlen übernachteten und auf die Mammutjagd gingen.

Höhle mit Tropfsteinen

Bilde Tropfsteine wie in einer Höhle!

Die Tropfsteine der Schwäbischen Alb bestehen aus Kalk. Der ist aber in kurzer Zeit nicht einfach in Wasser zu lösen. Deswegen nimmst du in unserem Experiment Bittersalz, das du entweder daheim im Arzneischrank hast oder günstig in der Apotheke bekommst.

DU BRAUCHST:
zwei kleine leere Marmeladengläschen, zwei Schrauben, warmes Wasser, 30 Zentimeter Baumwollschnur, einen Teelöffel, Bittersalz

SO GEHT'S:
1. Fülle beide Marmeladengläser halb mit warmem Wasser und schütte, während du umrührst, so viel Bittersalz hinein, bis es sich nicht mehr auflöst.
2. Knote die Schrauben als Gewichte an die Enden des Fadens und lege diese in die Gläser. Der Faden sollte nicht straff sein, sondern etwas durchhängen, ohne den Tisch zu berühren.
3. Stelle nun einen der Marmeladenglasdeckel mit dem Boden nach unten zwischen die Gläser, um die Tropfen aufzufangen. Die Bittersalzlösung fließt durch den Faden. Schon nach wenigen Tagen wächst ein Tropfstein. Gleichzeitig tropft die Lösung in den Deckel und deshalb wächst auch ein kleiner Tropfstein nach oben.

Hier helfen dir deine Eltern.

Mitmachkasten!

20 Bevölkerung

Woher kamen die Menschen?

Daniel Hartmann in der Sandgrube von Mauer

Bevölkerung 21

Wer waren die ersten Einwohner?

Ein Arbeiter in der Sandgrube bei Mauer hat einen Urmenschen entdeckt. In den Sandgruben in der Nähe von Heidelberg fand Daniel Hartmann, der dort Sand schippte, im Jahr 1907 einen beinahe vollständigen menschlichen Unterkiefer mit perfekten, gesunden Zähnen. Der Kiefer ist 609 000 Jahre alt. Es ist der älteste Fund menschlicher Knochen in Mitteleuropa. Wissenschaftler haben kürzlich das Erbgut des so genannten »homo erectus heidelbergensis« untersucht und festgestellt: Wir heutigen Menschen sind seine Nachfahren. Schon der Urmensch von Mauer ging aufrecht. Er jagte in Gruppen. Deshalb vermutet man, dass die Menschen schon damals eine Sprache hatten, um abzusprechen, wer von wo die zu jagenden Tiere angreifen wird. Nicht nur in Mauer wurden Urmenschen gefunden. In Reilingen hat man den Schädel eines etwa 300 000 Jahre alten Urmenschen entdeckt, den man deswegen »homo erectus reilingensis« nennt. Etwa zur gleichen Zeit hat eine Frau gelebt, die etwa 25 Jahre alt wurde, und deren Schädel man in Steinheim an der Murr ausgegraben hat. Da die Menschen damals noch nichts aufgeschrieben haben, wissen wir nicht genau, wie sie gelebt und was sie gedacht haben, was ihnen Spaß gemacht hat und was sie ihre Kinder gelehrt haben. Alles, was wir über ihr Leben wissen, haben wir Funden zu verdanken.

Klingende Knochen!

In Baden-Württemberg hat man die ältesten Musikinstrumente der Welt gefunden: Eine der Flöten ist aus einem Schwanenknochen, eine aus einem Geierknochen, die dritte sogar aus massivem Mammutelfenbein geschnitzt. Alle drei sind rund 40 000 Jahre alt.

Ausflugstipp zu den ersten Menschen in der Region

NIEDERSTOTZINGEN: ARCHÄOPARK MIT VOGELHERDHÖHLE

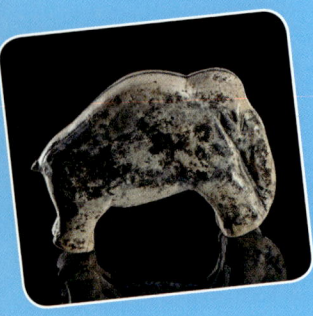

Mammutschnitzerei aus der Vogelherdhöhle

Das nicht einmal vier Zentimeter große Mammut, das man im Infozentrum des Archäoparks bestaunen kann, wurde in der Vogelherdhöhle im Lonetal gefunden. Es ist die älteste vollständig erhaltene Skulptur der Welt. Sie wurde aus Mammutelfenbein geschnitzt. Rund um die Vogelherdhöhle erfährst du sehr viel von dem, was man über das Leben vor 40 000 Jahren weiß. Du kannst im Archäopark lernen, wie die Steinzeitmenschen jagten und selbst mit Speeren auf Nashornfiguren werfen. Dazu verwendest du eine Speerschleuder, die es viel leichter macht, den Speer weit zu werfen. Du übst das Feuermachen, darfst dich als Steinzeitkünstler fühlen, der mit Naturfarben Steine bemalt, oder als Archäologe nach Überresten aus der Eiszeit suchen. Es gibt einen Platz, an dem du mit Steinwerkzeug einen Baumstamm kerben kannst.
Ein Besuch ist besonders am Wochenende anzuraten, weil dann die Themenplätze von Parkmitarbeitern betreut werden.

ARCHÄOPARK VOGELHERD
AM VOGELHERD 1 • 89168 NIEDERSTOTZINGEN-STETTEN

Mitmachaktion im Archäopark

Bevölkerung 23

Wann kamen die Römer zu uns?

Vor 2000 Jahren kamen die Römer zu uns. Die Menschen, die davor in unserer Gegend lebten, hatten Jahrtausende lang keinen organisierten Staat, sondern zogen immer wieder um, wenn eine Gegend zu unsicher wurde oder es zu wenig zu essen gab. Die Römer, die bei uns einwanderten, waren nicht alles Leute aus der Stadt Rom. Das Römische Reich erstreckte sich um das ganze Mittelmeer. Zu ihm gehörten verschiedene Landschaften, Länder und Menschen mit unterschiedlichen Religionen und Gewohnheiten. Jeder, der in den von Rom eroberten Gebieten wohnte und dem Römischen Reich längere Zeit diente, etwa als Soldat, konnte römischer Bürger werden.

So bestanden die römischen Truppen, die Teile Germaniens eroberten, nicht nur aus Römern. Die Soldaten stammten auch aus Nordafrika und Spanien und aus verschiedenen Regionen Deutschlands.

Was machten die Römer bei uns?

Die römischen Eroberer bauten eine befestigte Grenze. Sie wollten die eingenommenen Gebiete vor Angreifern schützen. Diese Grenzanlagen, die Limes heißen, kann man an vielen Stellen Baden-Württembergs noch sehen. Die Menschen, die innerhalb der Grenzen des Römischen Reiches siedelten, nahmen nach und nach die Gewohnheiten der römischen Eroberer an. Die Menschen lernten die Weintrauben kennen und begannen sie auch hier anzupflanzen.

Nachgebauter Limesturm

Simon Studion

Simon Studion gilt als der erste Archäologe in unserem Land. Er wurde 1543 in Urach geboren. In Marbach war er als Lehrer angestellt, doch er scheint seinen Beruf nicht geliebt zu haben. Meist ließ er seinen Sohn unterrichten und grub mit finanzieller Unterstützung des Herzogs römische Altertümer in Benningen aus. Dass das von ihm ausgegrabene Bauwerk ein römisches Kastell war, wusste er noch nicht. Er lieferte die Funde als Gartenzierrat nach Stuttgart.
Ein Wissenschaftler im heutigen Sinne war Studion noch nicht. So glaubte er ein Engel zu sein, schrieb Lobgedichte auf den Herzog und berechnete, wann die Welt untergehen würde.

Bevölkerung

Sie nutzten die vielen Straßen, die die Römer für den Transport zu den Kasernen anlegten, auch für den Handel. So konnte man bei uns Silber, getöpferte Schüsseln und Flaschen, Glas und Kleider kaufen, diese wurden in den verschiedensten Ländern des römischen Reiches hergestellt. Anders als die heimische Bevölkerung badeten die Römer regelmäßig in warmem Wasser. Da es noch keine Seifen gab, wurde der Körper eingeweicht und danach die Haut mit einem Schaber von eingeweichtem Schmutz befreit. Die Römer benutzten gerne Parfüms, die sie selbst herstellten.

Der römische Kaiser Hadrian ließ die Grenze mit Gräben und Palisaden befestigen.

Stelle eine Römische Rosensalbe her!

Die Römer haben nicht nur gerne gebadet, sie cremten sich auch mit Salben ein. Du kannst eine Duftcreme nach römischem Rezept herstellen.

DU BRAUCHST:
eine Herdplatte, einen Kochtopf mit Wasser, eine Pfanne, ein Einmachglas mit Deckel, ein Drahtsieb, einen Schneebesen, ein Kochthermometer, einen Topflappen, vier Esslöffel Olivenöl, eine Hand voll stark duftende Rosenblüten, einen Esslöffel Bienenwachs, etwas destilliertes Wasser

SO GEHT'S:
1. Erhitze das Wasser im Kochtopf. Stell das Einmachglas mit Olivenöl und den Rosenblättern hinein. Rühr um, steck das Thermometer in das Öl und warte, bis das Thermometer etwa 70 Grad anzeigt. Nimm das Einmachglas mit dem Topflappen aus dem heißen Wasser. Verschließe das Einmachglas mit dem Deckel und lass die Mischung eine Woche lang ziehen.

2. Filter das Rosen-Öl-Gemisch durch ein Sieb ab und fülle es wieder in das Einmachglas. Erwärme das Bienenwachs in einer Pfanne, bis es zähflüssig ist, und rühre das Bienenwachs in das Duftöl.

3. Gib einige Tropfen destilliertes Wasser dazu und rühre so lange, bis die Masse cremig ist. Bewahre die Creme im Kühlschrank auf. Sie ist etwa zwei Wochen haltbar.

Bild einer Ulmer Schachtel am Ulmer Rathaus

Warum verließen so viele Menschen ihre Heimat?

Vor 250 Jahren war das heutige Baden-Württemberg ein sehr armes Land. Viele Menschen verließen ihre Heimat, in der Hoffnung, anderswo besser zu leben. Die Kaiserin Russlands, Katharina II., stammte aus Deutschland. Sie lud jeden, der gerne kommen wollte, ein, in ihrem Reich Land zu bebauen und Dörfer zu gründen. Die Einwanderer durften ihre Religion ausüben und weiterhin Deutsch sprechen. Die Reise war weder ungefährlich noch billig, doch viele Familien aus Süddeutschland verkauften ihr Hab und Gut und schlossen sich in Ulm zusammen, um Schiffe zu kaufen. Diese Schiffe nannte man Ulmer Schachteln. Sie waren sehr einfach und nur für eine einzige Fahrt den Fluss hinunter gebaut. Waren die Auswandererfamilien am Schwarzen Meer angekommen, so verkauften sie das Holz, aus dem das Schiff gebaut war, als Brennholz.

Bevölkerung 29

Warum kamen nach dem Krieg so viele Flüchtlinge zu uns?

Nach 1945 kamen viele Menschen in unser Land. Deutschland hatte seine Nachbarländer überfallen und wollte Land für die Deutschen erobern. Es begann ein Krieg, in dem Millionen Menschen auf der ganzen Welt starben. Deutschland hat diesen Krieg am Ende verloren. Frauen, Kinder und alte Menschen flohen aus ihrer Heimat im heutigen Polen oder wurden aus Tschechien, der Slowakei, Ungarn, Rumänien, Kroatien, Serbien und Slowenien vertrieben. Sie verließen ihre Heimat auf Pferdewagen, zu Fuß, mit Eisenbahnen und Schiffen. Oft hatten sie nicht mehr dabei als eine einzige Kiste mit Bettzeug und Kleidern. Als sie nach Süddeutschland kamen, waren viele von ihnen krank vor Hunger und Heimweh.

Viele Flüchtlinge wurden bei Einheimischen einquartiert, die hier schon vor dem Krieg lebten. Insgesamt kamen in dem Gebiet des heutigen Baden-Württemberg 1,6 Millionen Flüchtlinge und Vertriebene unter. Auf vier schwäbische und badische Kinder kam ein Flüchtlingskind.

Geboren wurde Albert Einstein 1879 in Ulm. Durch seine Geburt besaß er die Württembergische Staatsbürgerschaft. Er hat aber nur kurze Zeit seines Lebens hier verbracht. Er hielt als Physikprofessor überall auf der Welt Vorträge.
Nachdem Adolf Hitler 1933 an die Macht gekommen war, hat Einstein Deutschland verlassen und ist nie wieder zurückgekehrt. Er wurde Bürger der USA. In Deutschland wäre er umgebracht worden. Er selbst war nicht religiös, aber seine Eltern waren Juden gewesen, und unter Hitler wurden alle Menschen jüdischer Herkunft verfolgt.

Gertrud Friesen, damals Wiesner, mit ihrer Mutter Lotte

! Bei uns wird was gschafft!

Schon zehn Jahre nach dem Krieg gab es in Baden-Württemberg wieder so viel Arbeit, dass Menschen aus Italien und später aus Griechenland, aus Jugoslawien, der Türkei und anderen Ländern angeworben wurden, um hier zu arbeiten. 1970 lebten in Baden-Württemberg schon eine halbe Million sogenannte Gastarbeiter aus Südeuropa. Jeder von euch hat Mitschülerinnen und Mitschüler, die einen türkischen oder italienischen Nachnamen haben. Meist sind bereits ihre Großeltern zu uns gekommen.

Zvonimir Kanjir aus Kroatien, der 500 000ste Gastarbeiter, wird mit einem Kofferradio begrüßt.

Leben als Flüchtlingskind

Interview mit Gertrud Friesen, einem ehemaligen Flüchtlingskind

Du bist mit sechs Jahren als Flüchtlingskind nach Hohenlohe gekommen. Warum?

Wir hatten in Schlesien gelebt. Das gehört heute zu Polen. Im Krieg mussten wir fliehen. Wir kamen erst nach Berlin und dann ins Vogtland, aber da kannte meine Mutter keinen Menschen. Sie hörte, dass Onkel Arthur, ein Bruder von ihr, meine Tante Friedel und meine drei Cousinen in Wolpertshausen auf einem Bauernhof aufgenommen wurden. Meine Mutter ist mit mir 1947 also auch nach Wolpertshausen gegangen. Wir teilten uns zu siebt zwei Zimmer und eine Küche. Schlafen konnten wir in einer Kammer in einem anderen Stock. Es war etwas beengt. Die Familie Kress war sehr freigiebig. Sie haben die Aussteuerkisten aufgemacht, die für die Hochzeit ihrer Töchter gedacht waren, die Bettsachen verteilt und so viele Flüchtlinge bei sich aufgenommen, wie sie konnten.

Wovon habt ihr nach dem Krieg gelebt?

Die Familie Kress, bei der wir lebten, hatte meiner Tante Friedel ein kleines Feld zur Verfügung gestellt, auf dem sie Gemüse anpflanzen durfte – und einen kleinen Stall. Meine Mutter half zum Dank Frau Kress bei allen Arbeiten auf dem Hof. Meine Mutter wusste, wie man aus Rüben Sirup kocht. Im Keller hat sie mit Frau Kress in einem alten Bottich Gläser voll hellem Sirup als Zuckerersatz hergestellt. Früh morgens ging meine Mutter oft in den Wald. Im Sommer sammelte sie dort Beeren und verkaufte sie auf dem Markt. Im Herbst suchte sie Pilze und trug sie 13 Kilometer weit nach Schwäbisch Hall, um sie Restaurants anzubieten.

Hast du in Hohenlohe schnell Freundinnen gefunden?

Nein. Ich hatte am Anfang meine Cousinen zum Spielen. Wir konnten aber nicht für immer in Wolpertshausen auf dem Hof bleiben. Meine Mutter suchte wieder Arbeit. Sie und ich sind während meiner ersten drei Schuljahre fünfmal umgezogen. Ich war nirgendwo lange genug, um Freundschaften zu schließen.

Was gab es zu essen und zu trinken?

Eine Familie bereitet an den Fohlenhaus-Höhlen im Lonetal ihr Essen zu.

Essen und Trinken

Wieso waren Steinzeitmenschen keine Vegetarier?

Bis zum Ende der letzten Eiszeit wären Vegetarier verhungert. Fleisch war in der Steinzeit das wichtigste Nahrungsmittel der wenigen Menschen. Sie sammelten auch Kräuter für Salate und aßen sicher auch Beeren und Nüsse, wenn sie gerade welche fanden. Doch das Klima war viel zu kalt, um Getreide oder Gemüse anzubauen. Die Menschen waren immer unterwegs, schliefen in Höhlen, unter vorspringenden Steinen und in Hütten aus Zweigen. Sie folgten den wild lebenden Tieren, jagten Schneehasen, Wollnashörner, Rentiere und Mammuts. Rentiere gibt es heute nur noch in Grönland, Kanada, Skandinavien und im Norden von Russland, doch nicht mehr bei uns.

Ein Vorteil der Kälte war, dass das Fleisch der großen, mit Steinspeeren erlegten Tiere nicht so schnell verdarb. Es dauerte nämlich recht lange, bis so ein Mammut aufgegessen war, da die Menschen in kleinen Gruppen lebten. Mehr als 20 waren wohl selten beisammen. Und so legten die Menschen die Tiere in Steingruben oder deckten sie mit einer Steinplatte zu, damit die Sonne nicht auf das Fleisch scheinen konnte. Im Sommer wurden wohl auch Fleischscheiben getrocknet, um sie haltbar zu machen, und im Winter eingefroren und über dem Feuer wieder aufgetaut.

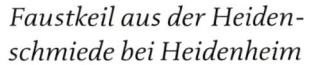

Faustkeil aus der Heidenschmiede bei Heidenheim

Weshalb galt Gemüse im Mittelalter als eklig?

Brot und in Wasser oder Buttermilch gekochter Getreidebrei waren im Mittelalter die wichtigsten Lebensmittel für jedermann.

Die Bauern aßen graues Roggenbrot, nur die Reichen konnten sich weißes, fein gemahlenes und gesiebtes Weizenmehl leisten.
Die Bauern ernährten sich ziemlich genau so, wie man sich heute gesunde Ernährung vorstellt. Es gab Milch und Quark von den eigenen Kühen, graues Brot und Vollkornbrei. Dazu aßen sie Gemüse, das im eigenen Garten wuchs, wie Kohl, rote Rüben, Zwiebeln, Lauch und Knoblauch, sowie die heute wieder neuentdeckte Pastinake. Fleisch vom eigenen Schwein, das den Sommer über im Wald geweidet und Eicheln gefressen hatte, gab es meist im Winter, wenn das Gemüse rar wurde. Gewürzt wurde mit den im Garten wachsenden Kräutern. Die adeligen und reichen Leute aßen dagegen wenig Gemüse. Brot galt als fein, denn die Getreideähren wuchsen nicht direkt auf dem Erdreich. Aber Gemüse, das man aus der schmutzigen Erde ziehen musste, galt als bäuerlich und nicht standesgemäß, geradezu als ekelerregend. Nicht besser sah es mit den von den Bauern angepflanzten und genossenen Hülsenfrüchten aus, mit Kichererbsen, Ackerbohnen, Linsen und Erbsen. Davon musste man pupsen, und sie galten daher in feinen Kreisen als ungesund.

Pilger auf dem Schwäbisch-Fränkischen Jakobsweg, gemalt von Friedrich Herlin (1466)

Essen und Trinken

Warum waren Gewürze so teuer?

Vor etwa 500 Jahren machten sich immer mehr Seefahrer auf, um unbekannte Länder und neue Wasserwege zu erkunden. Eine Seereise war damals sehr gefährlich. Die Besitzer der Schiffe hofften aber darauf, durch Handel das große Geld zu verdienen. Gewürze aus den fernen Ländern Asiens waren Luxusgüter, für die man in Deutschland hohe Preise bezahlte. Wer es sich leisten konnte, zeigte seinen Wohlstand, indem er alle Speisen mit Gewürzen zubereitete. Beliebt waren Pfefferkörner, das sind die scharfen Früchte einer tropischen Kletterpflanze, und Zimt, die Rinde des Zimtbaumes. Gewürznelken, die stark duftenden, getrockneten Knospen des Nelkenbaums und Muskatnüsse, waren Zutaten, die von den Gewürzinseln im pazifischen Ozean um die halbe Welt unterwegs gewesen waren.

Markgraf Karl Wilhelm von Baden-Durlach

Nicht nur bei Gewürzen liebten die Menschen im Land das Exotische. Begehrt und teuer waren auch Tulpen. Der 1697 geborene Markgraf Karl Wilhelm von Baden-Durlach bearbeitete selbst mit dem Spaten den Karlsruher Schlossgarten. Gemüse anzubauen wäre unelegant gewesen, ganz anders die Tulpen. Sie galten als Kostbarkeiten. Der Markgraf hatte mehr als 5000 Tulpensorten zu bewundern. Viele wurden gemalt. Sie sind im Karlsruher Tulpenbuch von 1730 abgebildet.

Essen und Trinken

! Was für 'ne scharfe Geschichte!

Weil Gewürze in den meisten Familien etwas Besonderes waren, wurden sie bei ihnen nur zu Feiertagen verwendet. Der Brauch, an Weihnachten mit Vanille, Zimt und Nelken gewürzte Plätzchen zu essen, hat sich bis heute erhalten.

Zimtsterne werden oft im Advent gebacken.

Wie kamen die Gewürze zu uns?

Die Händler, die die Gewürze in unsere Region brachten, kauften sie in Venedig sackweise. Dort kamen die großen Handelsschiffe an. Die deutschen Kaufleute, die sich in Venedig ein Wohnhaus und ein Lager teilten, machten sich nie alleine auf den schweren Weg zurück über die Alpen. Da der Weg gefährlich war, schlossen sich die Kaufleute zu Gruppen zusammen. In Deutschland angekommen verkauften sie die Gewürze an Krämer weiter, die die Gewürze in kleinere Tütchen füllten, sie auf die Märkte in den Städten brachten oder an Apotheken weiterverkauften.

Bastel eine Gewürzwaage und spiele Gewürzhändler!

Die Händler, die Gewürze verkauften, brauchten feine Waagen. Gewürze waren kostbar.

DU BRAUCHST:
Ein Stück Karton, Bindfaden, eine Zwei-Euro-Münze, zwei Ein-Euro-Münzen und zwei Ein-Cent-Münzen, zwei Stück Klebefilm, Stift, Geodreieck, Schere, eventuell Büroklammern, ein dünnes Papiertütchen (z.B. für losen Tee), Gewürznelken, Senf- oder Pfefferkörner

SO GEHTS'S:

1. Schneide aus dem Karton ein etwa 10 mal 10 Zentimeter großes Quadrat aus. Bohre mit einem Nagel genau in der Mitte des Quadrats ein Loch in den Karton und führe ein etwa 30 Zentimeter langes Stück Bindfaden durch. Mach auch Löcher in die jeweilige Mitte zweier aneinander angrenzender Seiten und knote ein Stück Bindfaden ein.

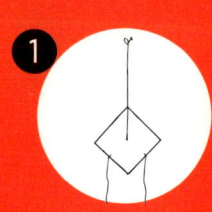

2. An dem Zwirn, der in der Mitte des Quadrats befestigt ist, wird der Karton an einem Haken an der Wand oder an der Decke befestigt.

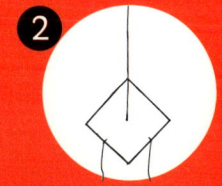

3. Befestige nun mit Tesafilm an einem herabhängenden Bindfadenstück ein Ein-Cent-Stück mit einem Ein-Euro-Stück und am anderen ein Zwei-Euro-Stück. Markiere mit dem Stift den Verlauf des Aufhängefadens auf dem Karton und schreib daneben: 10 Gramm.

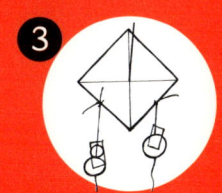

4. Häng nun an den Klebefilm, an dem die zwei Münzen kleben, einen weiteren mit einer zusätzlichen Ein-Cent-Münze und einem Ein-Euro-Stück. Markiere wieder den Fadenverlauf und schreib daneben: 20 Gramm.

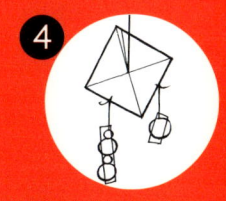

5. Du kannst nun in ein Tütchen so viele Gewürze geben, bis du denkst, dass sie zusammen 20 Gramm wiegen. Lass das Zwei-Euro-Stück hängen. Nimm die anderen Münzen ab und ersetzte sie durch das Tütchen mit den Gewürzen. Hast du gut geschätzt? Ist der Faden auf der Linie, an welcher 20 Gramm steht? Wenn nicht: Nimm Nelken aus dem Tütchen oder gib welche dazu, bis der Faden sich möglichst exakt mit dem Strich deckt. Nun sind ziemlich genau 20 Gramm im Tütchen.

Essen und Trinken

Wer durfte was essen?

Nur wer adelig war, durfte in der frühen Neuzeit auf die Jagd gehen – und das taten die Herzöge und Grafen gerne und oft. Bei ihnen stand Rehbraten, gegrilltes Wildschwein oder Hirschragout auf dem Tisch. Das Problem: Die Tiere im Land vermehrten sich schneller, als die wenigen Adeligen sie jagen und essen konnten. Die Bauern, aber, denen Wildschweinrudel die Ernte zerstörten und das Gemüse aus ihren Gärten wegfraßen, durften das Wild nicht einmal verjagen oder gar fangen. Als beispielsweise im Jahr 1514 bei Bad Urach ein zwei Meter langer Keiler die Felder zerwühlte, mussten die Bauern erst einen Bittbrief an den Herzog schreiben. Der kam dann auch zur Jagd und erlegte das männliche Wildschwein.

»Hofjagd Herzog Ludwigs im Forst Bebenhausen«, gemalt um 1580 von Hans Steiner – zu sehen im Württembergischen Landesmuseum Stuttgart

Essen und Trinken

Die Proteste der Bauern wurden immer heftiger. Der Herzog sah ein, dass er den Bewohnern seines Landes entgegen kommen musste. Er änderte das Jagdrecht und erlaubte nun auch Nichtadeligen Wild zu erlegen. Das Fleisch aber gehörte nach wie vor dem Herzog und musste von dem Jäger an den Hof gebracht werden. Dass Bauern Reh und Wildschwein essen, kam für den Adel nicht in Frage. Und auch anderes Fleisch blieb für viele Bauern und Handwerker ein seltener Luxus. Das Essen mit Messer und Gabel war noch nicht üblich. Ein Messer musste selbst in reicheren Familien für alle am Tisch reichen. Die weicheren Fleisch- und Gemüsebreie wurden oft auf einer Brotscheibe statt einem Teller serviert. Abfälle landeten oft auf dem Boden, wo sie von Hunden und Schweinen aufgefressen wurden.

Essen für Zahnlose!

Das Fleisch wurde oft püriert serviert. Da das Brotgetreide vor dem Mahlen noch nicht gut gereinigt werden konnte, waren die Zähne der Menschen nach einigen Jahren von den kleinen Steinchen im Mehl abgeschliffen. Viele Leute hatten mit dreißig oder vierzig nur noch kurze Stummel im Mund.

Essen und Trinken

Warum gab es ein ganzes Jahr ohne Sommer?

Im Jahre 1816 brach viele tausend Kilometer von uns entfernt, in Indonesien, ein Vulkan auf einer Insel im Pazifischen Ozean aus. Die Asche, die aus dem Vulkan in den Himmel geschleudert wurde, legte einen riesigen Schleier um die Erde. Die Sonne war Monate lang nicht zu sehen. Es gab Unwetter. Durch die Kälte reifte das Getreide nicht, und im kommenden Jahr mussten die Leute mehr als das Doppelte, teilweise das Dreifache für ein Brot bezahlen. Auch Gemüse gab es nicht mehr, es verfaulte auf den Feldern. Die Obstblüten waren erfroren, und weder Traubenstöcke noch Birnen- oder Apfelbäume setzten Früchte an.

Die hungernden Menschen kochten Wurzeln, Gras und Heu, um daraus Suppen zu machen. Das Mehl für Brot wurde mit Sägespänen gemischt, um den Bauch voll zu bekommen. Bauern schlachteten ihre Pferde, die sie eigentlich für die Arbeit auf dem Feld gebraucht hätten. Das Saatgut für das kommende Jahr wurde aufgegessen. Viele Familien in Württemberg wussten sich nicht mehr zu helfen. Sie verkauften ihr Hab und Gut und kauften sich eine Schiffspassage in die USA, um dort, so hofften sie, ein besseres Leben führen zu können.

Karl Drais

Karl Friedrich Christian Ludwig Freiherr Drais von Sauerbronn, wurde am 29. April 1785 in Karlsruhe geboren. Er war ein wichtiger Erfinder seiner Zeit. Er hat, lange ehe es Tonaufnahmen gab, einen Klavierrekorder gebaut, der Tastendrücke auf Papierband aufzeichnete. 1829 entwickelte er eine Schnellschreibmaschine mit 16 Tasten. Praktisch war sein Holzsparherd. Drais' bedeutendste Erfindung ist der Vorläufer des Fahrrads, die Laufmaschine. Er erreichte bei seiner ersten Fahrt eine Durchschnittsgeschwindigkeit von etwa 15 km/h – und das noch ganz ohne Pedale.

Gab es bei uns schon immer Kartoffelsalat?

Interview mit Norbert Vinçon in Ötisheim-Schönenberg am ältesten Kartoffelacker in Baden-Württemberg

Norbert Vincon

Ich heiße Norbert Vinçon, das spricht man Wänzoo. Meine Vorfahren waren Waldenser. Sie lebten in einem Gebirgstal, das heute zu Italien gehört, haben aber Französisch gesprochen.

Und warum sind Ihre Vorfahren nach Deutschland gekommen?
Sie gingen nicht in die offizielle Staatskirche, sondern gehörten zu einer Gruppe, die sich Waldenser nannte. Deswegen wurden sie verfolgt und mussten aus ihrer Heimat fliehen. Hier, wo wir heute leben, gab es damals wenige Menschen. Das Land war leer. Da sagte der Herzog von Württemberg zu den Waldensern, dass sie gerne kommen dürfen. Er erlaubte ihnen hier Dörfer zu gründen und eigene Kirchen zu bauen.

Haben sie sich schnell an das Leben hier gewöhnt?
Na ja. Es gab im Winter wenig zu essen, nur Getreide. Die Menschen haben oft im Winter Hunger gehabt.

Was haben Ihre Vorfahren dagegen getan?
Henri Arnaud, der in diesem Haus hier in Schönenberg gelebt hat und ein Prediger der Waldenser war, der hat, etwa im Jahr 1701, einen Kaufmann 200 Saat-Kartoffeln nach Schönenberg liefern lassen. Die gab es hier in Württemberg noch nicht. Die Kartoffel stammt aus Südamerika, und die einzige Kartoffelpflanze in Württemberg stand als Zierpflanze im Kurgarten in Bad Boll. Aber keiner wusste, dass man die Knollen essen kann. Die Waldenser kannten die Kartoffeln aber aus ihrer Heimat. Hier, in seinem Vorgarten, hat Arnaud den ersten Acker angelegt. Er hat Bürgermeister, Pfarrer und Ärzte eingeladen, hat für sie Kartoffeln zubereitet und ihnen bewiesen, dass die Kartoffeln ideal sind, um sie im Keller zu lagern und den ganzen Winter über satt zu werden.

Das heißt, dass unser Kartoffelsalat überhaupt nicht hier erfunden wurde?
Klar ist, dass es ohne die Waldenserflüchtlinge in Württemberg nicht zu einem so frühen Zeitpunkt Kartoffeln und Kartoffelsalat gegeben hätte.

42 Essen und Trinken

Katharina Pawlowna im Alter von 27 Jahren

Wie besiegte ein Königspaar die Hungersnot?

In Württemberg gab es, als die Hungersnot begann, gerade eine neue Königin.

Essen und Trinken

Sie hieß Katharina Pawlowna. Ihr Vater war Herrscher von Russland, einer der reichsten Menschen der damaligen Welt. Der württembergischen König Wilhelm I. heiratete Katharina. Zusammen mit ihrem Mann versuchte sie die Situation der ärmeren Leute zu verbessern. Die Königin gründete einen Wohlfahrtsverein. Schulen für arme Kinder wurden eröffnet, an denen kein Schulgeld fällig war und jedes Kind zu essen bekam. Sparkassen machten auf. Dort konnten sich die Bauern Geld für neues Saatgut leihen. König Wilhelm I. lud zum landwirtschaftlichen Fest auf den Cannstatter Wasen ein. Am 28. September 1818, einen Tag nach des Königs 36. Geburtstag, fand das Cannstatter Volksfest erstmals statt. Die Bauern sollten dort Informationen erhalten, wie sie ihre Ernten steigern konnten, um genügend Essen für alle Menschen im Land herstellen zu können. Das Königspaar ließ in Stuttgart-Hohenheim eine Fabrik für Ackergeräte bauen, um beispielsweise bessere Pflüge zu entwickeln. Eine Schule für Gärtner wurde eingerichtet, und Wissenschaftler sollten herausfinden, welche Obst- und Gemüsesorten am wenigsten empfindlich gegen schlechtes Wetter, Fröste und Dürre sind. Heute kannst du bei einem Spaziergang im Park des Schlosses Hohenheim sehen, was aus der Idee wurde. Die Universität Hohenheim ist heute immer noch im Schloss untergebracht. Und immer noch kann man in Hohenheim Landwirtschaft und Gärtnerei lernen.

Schloss Hohenheim in Stuttgart-Hohenheim

Ausflugstipp zur Geschichte unserer Lebensmittel

ULM: MUSEUM DER BROTKULTUR

Im Museum für Brotkultur in Ulm erfährst du viel über unsere süddeutschen Brote. Sicher hast du schon »Seelen« gegessen und dich über ihren sonderbaren Namen gewundert. Seelen sind längliche, etwas größere knusprige Brötchen, die mit Salz und Kümmel bestreut sind. Was haben die mit der Seele zu tun? Nun – sie wurden früher in der Allerseelenwoche Anfang November als Gaben für Arme und Kinder gebacken. Bis zum Ende des 19. Jahrhunderts bettelten die »Seelgeher« zu Allerseelen bei den Bauern um Seelbrote – die Seelen.

Das Museum zeigt, wie man in verschiedenen Zeiten Brot gebacken hat. Es gibt alte Backöfen zu bestaunen, Heiligenfiguren, Grabbeigaben – alles, was mit Brot und seiner Geschichte in aller Welt zu tun hat. Viele Gemälde zeigen, wie und mit was man sein Brot gegessen hat. Besonders interessant sind die vielen Springerlesformen, die vor Weihnachten ausgestellt werden. Springerle wurden früher nur für Feste gebacken. Die Anisplätzchen werden beim Backen höher, springen auf und bekommen im Backofen einen Fuß: Daher der Name: Springerle. Das Museum der Brotkultur bietet verschiedene interessante Mitmachführungen für Schülerinnen und Schüler an, die zeigen, wie sich Getreide und Brote in den letzten 10 000 Jahren entwickelt haben.

MUSEUM DER BROTKULTUR
SALZSTADELGASSE 10
89073 ULM

»Der Bäcker ruft« – Gemälde von Job Adriaensz Berckheyde (1681) im Brotmuseum in Ulm

Essen und Trinken 45

Wie kam das Obst in die Städte?

Hättest du im Mittelalter oder in der frühen Neuzeit gelebt, hätte dich deine Mutter nicht dazu gedrängt, jeden Tag Obst zu essen. Manche Städte und Klöster legten zwar auch damals Obstgärten an, und auch auf dem Land aß man die Früchte von Obstbäumen, die meist wild wuchsen.

Gekauft und verkauft hat man das Obst allerdings nicht, und auf feinen Tafeln galt es eher als Zierrat denn als Speise. Obst war schwer zu transportieren und konnte nicht ohne Macken und faulige Stellen auf den Markt gebracht werden. Die Vitamine waren längst noch nicht erforscht.

Essen und Trinken

Streuobstwiesen sind ein wichtiger Lebensraum für Tiere.

Erst als vor 150 Jahren die ersten Eisenbahnlinien bei uns eingerichtet wurden, konnte man Obst auch ohne zu viel Ruckeln in die Städte transportieren. Und Apotheker, Lehrer, Pfarrer, Bürgermeister und Ärzte, die gebildeten Menschen insgesamt, erkannten, dass Obst gesund ist. Oft waren es die Pfarrer, die vor ihrem Haus den ersten Obstgarten im Ort anlegten. Sonntags nach dem Gottesdienst luden sie die Gläubigen ein, bei ihnen zu lernen, welche Obstsorten für die Böden vor Ort geeignet sind. Zu dieser Zeit gab es viel mehr Sorten als heute. Diese Sorten zu kennen und zu besitzen gehörte mit zur Allgemeinbildung studierter Menschen. Die Geistlichen gaben auch Kurse, wie man die Bäume pflegt, Apfelkuchen backt, wie man Apfelringe trocknet oder Apfelwein keltert. Viele Bauern hielten den Obstanbau anfangs für Landverschwendung. Bald sprach sich aber herum, dass Most, also Apfelwein, leichter und billiger herzustellen ist als Bier und Wein und dass sich das Obst auf dem Markt gut verkaufen lässt. Also legten die Bauern Streuobstwiesen an, auf denen Birnen, Äpfel, Kirschen und Zwetschgen wuchsen. Sie wählten Sorten mit hohen Stämmen, unter denen das Gras wachsen konnte. So konnte man sowohl das Vieh auf den Wiesen grasen lassen, als auch im Herbst Geld mit dem Obst verdienen. Besonders beliebt waren auch Lageräpfel, die man in den Keller legen und mehrere Monate lang verzehren konnte. Heute wird bei uns immer noch viel Apfelsaft getrun-

Die Dampflokomotive Vulkan überquert die neue Eisenbahnbrücke bei Ladenburg (1850)

ken. Meist kommt er aber als Konzentrat aus China. Die Streuobstwiesen gibt es noch. Die Hälfte aller deutschen Streuobstbäume steht in Baden-Württemberg. Viel Geld verdienen kann man aber mit den Bäumen nicht mehr.

Backhaus in Obersulm-Eichelberg

Heisse Sache!

Manche Gemeinden in Baden-Württemberg haben noch ein gemeinsames Backhaus, in dem man sein Brot backen kann. Besonders lecker schmeckt aber der Salzkuchen. Dafür wird der Hefeteig ausgerollt, mit einer Mischung aus Sauerrahm, Ei, Mehl, Salz, Kümmel und Schnittlauch bestrichen und dann gebacken. Einmal im Jahr findet vielerorts am Backhäusle ein Salzkuchenfest statt.

Wie kleideten sich die Menschen?

Wie schmückten die Sueben ihr Haar?

Das Wort »Schwaben« leitet sich von »Sueben« ab. So bezeichneten sich vor 2 000 Jahren aber nicht nur Menschen am Neckar, die Neckar-Sueben, sondern Völker bis hin zur Ostsee. Diese Sueben färbten sich gerne die Haare, machten sie mit Kalk hell oder tönten sie rot für die Schlacht. Die Männer trugen einen Dutt an der Seite. Sie kämmten die langen Haare, verdrehten zwei Strähnen miteinander und steckten das Zopfende in die dabei entstehende Haarschlaufe.

Gefangener mit Sueben-Knoten

Binde dir einen Sueben-Knoten!

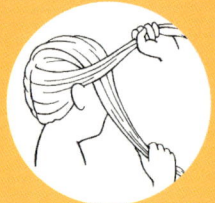  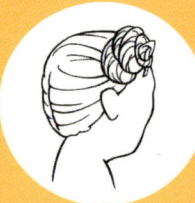

Anleitung zum Binden eines Knotenzopfes in 3 Schritten

Wer trug was?

Die Römer, die zu uns nach Norden kamen, wunderten sich nicht nur über die Frisuren der Männer, die sie als sehr kunstvoll beschreiben. Ihnen waren auch viele Kleidungsstücke unbekannt. Die Urschwaben trugen lange, enge Hosen und über ihnen ein lang nach unten fallendes Hemd.

Das schnürte man mit einem Gürtel, an dem man alles befestigte, was man so brauchte. Hosentaschen waren noch nicht erfunden. Die Frauen hatten einen langen Rock an und darüber eine über die Hüfte reichende Tunika. Frauen und Männer trugen warme Wollumhänge, in denen man sich gut bewegen konnte. Sie dienten nachts auch als Decke.

Verkleide dich als Suebe!

Mitmachkasten!

DU BRAUCHST:
ein Stück viereckigen Stoff ca. 2,50 Meter lang und 1,50 Meter breit (z.B. eine alte Gardine) und eine große Sicherheitsnadel.

SO GEHT`S:
1. Lege den Stoff in der Länge doppelt.
2. Halte mit einer großen Sicherheitsnadel den Stoff über der rechten Schulter zusammen.
3. Wenn es kalt ist, ziehst du den Mantel vorne zusammen. Wenn du dich schnell bewegen willst, wirfst du die Mantelvorderseite über die linke Schulter.

Wieso konnten Bauern keine Ritter werden?

Als Ritter bezeichnete man im Mittelalter reitende Kämpfer. Um als Ritter in den Krieg zu ziehen, brauchte man also ein Pferd, Waffen, und eine Rüstung. Ohne Rüstung wäre ein Krieger dem Gegner schutzlos ausgeliefert gewesen. Pferd und Ausrüstung kosteten sehr viel. Das hätte sich ein Bauer nicht leisten können. Es gab daher eine Art Abkommen zwischen den adeligen Rittern und den Bauern: Die Bauern bearbeiteten das Land und gaben den Adeligen von ihren Erträgen, den Eiern, dem Getreide, dem Gemüse und dem Fleisch, einen festgelegten Teil ab. Die Adeligen hatten als Gegenleistung für die Sicherheit der Bauern zu sorgen. Sie sollten also Räuber fernhalten und Überfälle auf die Dörfer verhindern.

Ritter im Kettenhemd auf der Burg Steinsberg bei Sinsheim-Weiler

Warum trugen Ritter Rüstungen?

Anfangs bestand die Rüstung aus einem Kettenhemd. Es war aus einzelnen, eng beisammenliegenden Metallringen zusammengesetzt. Auch die Hose bestand aus Metallringen, ebenso die Handschuhe. Dazu trug der Ritter einen Helm. Noch sicherer als eine Kettenrüstung war eine aus Metallplatten. Diese herzustellen war sehr zeitaufwändig. Besonders bekannt waren in unserer Gegend die Plattner in Ulm. Angesehene Meister hatten ihr eigenes Markenzeichen, das sie in die Rüstung prägten. Gerade hohe Adelige legten Wert auf eine Markenrüstung. Es war eine hohe Kunst, eine Rüstung so zu arbeiten, dass die Scharniere an der richtigen Stelle waren und der Ritter trotz der schweren Rüstung beweglich blieb. Sie wurde genau angemessen. Schließlich konnte der Ritter im Kampf nicht steif auf dem Pferd sitzen. Er musste sich selbst aufs Pferd heben können und auch in der Lage sein, schnell wieder aufzustehen und weiterzukämpfen, falls er vom Pferd gestoßen wurde.

Das Glasfenster der Tübinger Stiftskirche zeigt Eberhard IV. von Württemberg in einer Plattenrüstung (1478).

Mode

Wie kleidete man sich im Alltag?

Im Alltag trugen die Ritter keine Rüstung. Heute sind bei uns die meisten Kleidungsstücke aus Baumwolle. Die aber kannten die Menschen im Mittelalter nicht, da sie bei uns nicht wächst. Die Überbekleidung des Mittelalters wurde aus Wolle und die Hemden, Hosen und Unterröcke aus Flachs oder Nessel gefertigt. Die Stängel der Flachspflanze mussten aufgebrochen werden. In einer holzigen Hülle saßen die spinnbaren Fasern. In Creglingen-Burgstall steht heute noch eine Flachsbrechhütte. Aus Brennnesseln konnte man ebenso Fasern gewinnen. Der daraus gewebte Stoff heißt Nesseltuch.

Ausflugstipp zu alten Kleidern

MODEMUSEUM SCHLOSS LUDWIGSBURG:

Heute empfängt kaum jemand seinen Besuch im Bademantel. Im Barock aber zeigten sich die Schlossherren und andere Reiche durchaus auch Fremden in einem Hausmantel. Der war natürlich nicht aus Frottee, wie heute unsere Bademäntel, sondern aus kostbaren Materialien. So ließ sich der Markgraf von Baden um 1740 zum Beispiel einen Hausmantel aus Seide machen. Das war Mode der Zeit. Gerne trugen Adelige Hausmäntel mit großen Mustern, die fremdländisch aussahen. Sie liebten Motive aus Asien. Je exotischer, desto edler. Manche Männer ließen sich auch im Hausmantel malen.

Ein Hausmantel aus kostbarem Seidenstoff

MODEMUSEUM SCHLOSS LUDWIGSBURG
SCHLOSSSTRASSE 30
71634 LUDWIGSBURG

Wie wurden Kinder früher angezogen?

Natürlich hatten Kinder auch in früheren Zeiten etwas an, doch es gab keine spezielle Kinderkleidung. Im 17. Jahrhundert wurden schon die kleinen Mädchen aus reichem Hause in Mieder gezwängt und so eng geschnürt wie erwachsene Frauen. Sie konnten so eingequetscht nicht rennen. Unter dem Rock trugen sie einen Unterrock, in den Holzreifen eingenäht waren. Je nach Mode hat man die Kleider mit Kissen am Po oder Kissen an den Hüften ausgepolstert. Die Mädchen sahen damit aus wie Kegel. Spielen konnte man in solchen Kleidern nicht. Die Jungs trugen, wenn sie aus einer reichen Familie waren, Perücken, Schnallenschuhe und ein Jabot, einen Latz aus handgearbeiteter Spitze.

Sie sahen aus wie Miniaturerwachsene und durften nichts tun, bei dem sie hätten dreckig werden können.
Im 18. Jahrhundert wurde die Kleidung für Kinder einfacher. Mädchen durften weite Hängekleider tragen und Jungs bequeme Hosen und Hemden ohne steifen Kragen.

Das Gängelband wurde um den Oberkörper gelegt.

Kinder lernten am Gängelband laufen.

Die Welt schlüpft in badische Schlüpfer

In Radolfzell am Bodensee wurden um 1900 jeden Tag 12 000 Unterhemden und Unterhosen hergestellt. Viele davon wurden sogar nach China, Indien und Japan verkauft.

Nähsaal in Radolfzell um 1900

Die Geschichte der Nacht- und Unterwäsche

Interview mit Jürgen Hohl, Landestrachtenberater der Region Bodensee-Oberschwaben

Jürgen Hohl

Guten Tag Herr Hohl. Sie halten Vorträge darüber, was die Menschen bei uns früher trugen. Sie sprechen über Trachten, aber auch über Nacht- und Unterwäsche. Was trugen die Leute denn vor 200 Jahren im Bett?

Die reicheren Leute trugen lange Hemden, auch die Kinder. Selbst die Männer hatten weiße Nachthemden, die bis zum Boden gereicht haben. Das wollten auch die Kirchen so. Selbst Eheleute sollten sich gegenseitig nicht nackig sehen. Auch sich selber sollte man nicht ohne Kleider im Spiegel ansehen. Das sei unanständig, hieß es. Die Frauen mussten die Haare auch im Bett unter eine Haube stecken. Auch Haare zu zeigen galt als unmoralisch.

Und was trugen die ärmeren Leute im Bett?

Die einfachen Bauern haben im Bett ihr Tageshemd getragen. Das war sogar noch vor 70 Jahren normal. Das Hemd war lang. Tags hat man die Hinterseite zwischen den Beinen nach vorne gezogen und es vorne mit einer Spange zusammengesteckt. Eine richtige Unterhose hat es nicht gegeben.

Ab wann gab es dann Unterhosen?

Französische Frauen trugen sie schon vor 200 Jahren. Eine Firma in Köln, Bierbaum und Prönen, kurz: BP, nähte sie, um sie an Französinnen zu verkaufen. Bald konnten Frauen sie auch hier bekommen. Man benannte diese Kleidungsstücke nach der Firma, die sie machte. Sie hießen BPs. Diese Unterhosen waren unten offen, damit die Frauen sich in ihren steifen Röcken zum Pinkeln nicht ausziehen und hinsetzen mussten. Später hat man sie »Stehbrunzhosen« genannt. Heute sagt man noch, dass jemand »Pipi« macht. Das kommt von dem Namen dieser Unterhosen. Die weichen Unterhosen und Schlafanzüge von heute konnte man erst mit den entsprechenden Trikotagemaschinen herstellen.

Die Stehbrunzhosen waren unten offen

Betzinger Wirtshausszene (Ausschnitt) gemalt von Caspar Kaltenmoser (1865) – zu sehen im Stadtmuseum Horb

Jeder war behütet!

Zu jeder Tracht gehörte eine Kopfbedeckung: Hüte, Kopftücher, Hauben, Kappen. Mit bloßem Kopf ging man einfach nicht auf die Straße!

Warum trug man auf dem Land Trachten?

Bis vor etwa 170 Jahren durfte man nicht anziehen, was einem gefiel. Es gab Gesetze wie die Württembergische Kleiderordnung von 1712, in der genau beschrieben stand, wer was anziehen durfte. Dort war auch festgelegt, welche Farben, welche Materialien und welche Muster jemand tragen durfte. Der Herzog bestand darauf, dass man an der Kleidung erkennen musste, welchen Beruf jemand ausübte und welcher sozialen Gruppe er angehörte. Ein Bauer durfte nicht dasselbe anziehen wie ein Stadtbewohner. Bauern mussten Stoffe aus ihrer Region tragen, selbst wenn sie das Geld für Seide gehabt hätten. Auch das Muster durften sie nicht selbst bestimmen. Die ländliche Tracht war also keine Idee der Dorfbewohner, sondern ein durch Gesetz verordneter Kleiderzwang. Nach 1850 trug man in den Städten internationale Mode. Die Städter machten gerne Urlaub auf dem Land, am Bodensee oder im Schwarzwald. Man nannte solche Urlaube Sommerfrische. Sie sahen auf dem Land Menschen, die immer noch die Kleidung nach alten Vorschriften trugen. Die Städter fanden das idyllisch und malten die Bauern in ihren Trachten. Sie schwärmten für das Landleben, kauften Trachtenpuppen und verschickten Postkarten mit Trachtenbildern. Die Dorfbewohner trugen ihre Trachten aber meist aus einem einfachen Grund – sie hatten kein Geld für andere Kleidung.

Schwarzwaldtrachtenpuppe im Puppenmuseum in Staufen

Mode

Junge im Matrosenanzug, gemalt von Heinrich Lauenstein 1892

Wieso kamen die Matrosen aus Stuttgart?

Stuttgart besitzt außer dem Neckar kein schiffbares Gewässer. Dennoch wurden hier Matrosenanzüge gestrickt. Die waren sehr gefragt, als Deutschland nach 1871 einen Kaiser hatte. Der deutsche Kaiser wollte, dass Deutschland viele Kriegsschiffe baut und damit fremde Länder auf der ganzen Welt erobert. Matrosen und Kapitäne galten als Helden. Die Kinder spielten gerne Matrose. Und nicht nur zum Spielen, auch in die Schule trugen viele Jungen blaue Matrosenanzüge und Mädchen Matrosenkleidchen mit weißen Streifen am Kragen. Damit die Kleidung bequem und warm ist, strickte die Firma Bleyle sie aus Wolle. Die Anzüge konnte man überall im Deutschen Reich kaufen. Sie waren zwar teuer, aber wenn Jacken und Kleider zu klein wurden, dann konnte man sie in die Fabrik zurückschicken. Dort wurden sie unten passend angestrickt, durchgescheuerte Ellenbogen oder Hosenböden wurden nahtlos repariert, und das alles zum Selbstkostenpreis.

Wann wurden die ersten Jeans in Europa hergestellt?

Heute hat fast jedes Kind mindestens eine Jeans im Schrank, dabei sind Jeans bei uns etwas recht Neues. Sie wurden zuerst in den USA getragen. Nach dem Zweiten Weltkrieg lebten bei uns zahlreiche US-amerikanische Soldaten. Sie wohnten in Kasernen. Viele junge Leute wollten so aussehen wie die »Amis« – und auch so enge Hosen tragen. Der 28 Jahre alte Albert Safranek fragte in einer Bar Soldaten, ob er nicht Hosen von ihnen haben kann. Er bezahlte mit Schnaps. Dann nähte er diese Jeans in Künzelsau nach. Es waren die ersten in Europa produzierten Jeans, und sie wurden bald auch bei Frauen populär. Frauen in Hosen galten damals als unangepasst, sehr modern und politisch interessiert. 1953 kam die erste Frauenjeans auf den Markt. Da man so etwas Enges als Frau noch nicht zur Arbeit anziehen konnte, wurde die Jeans aus Künzelsau als Campinghose verkauft. Die Jeans konnten noch enger geschnitten werden, als die gleiche Firma 1961 die ersten Stretchjeans der Welt nähte. Man konnte sich in ihnen setzen, ohne dass sie kniffen.

Frühe Werbeanzeige für Jeans aus Hohenlohe

Wie wohnten die Menschen?

Wo lebten die Römer bei uns?

Die römischen Soldaten, die in unserer Gegend ihren Dienst taten, lebten in Kasernen, die man Kastelle nennt. Die Bauern, die die Lebensmittel in die Kastelle lieferten, wohnten in Gutshöfen. Oft waren die Besitzer selbst Soldaten gewesen. Wenn sie lange genug in der Armee gedient hatten, bekamen sie als Lohn einen Hof und wurden Landwirt. In Baden-Württemberg hat man die Grundmauern vieler solcher Höfe gefunden. Weil sie vor etwa 1800

Wohnen 61

Jahren verlassen wurden, gibt es keinen einzigen Hof, der noch gut erhalten ist. Meist lebten mehrere Familien auf dem quadratischen Gelände. Um diesen Hof war eine Mauer gezogen, die vor Dieben und wilden Tieren schützte. In den größeren Höfen muss das Leben zumindest für die Familie des Besitzers recht angenehm gewesen sein. Es gab für alle Bewohner ein Badehaus mit Umkleidekabinen und Warmwasserbecken. Auch auf dem Klo ging es geselliger zu als heute. Die Menschen saßen gemeinsam auf einer Bank mit Löchern und unterhielten sich. Gebrauchtes Badewasser und Quellwasser floss unter der Bank hindurch und diente als Spülung.

Wie wohnten die Römer?

In manchen Räumen des Haupthauses befand sich sogar eine Fußbodenheizung. Die Häuser waren meist unterkellert, um Vorräte frisch zu halten. Selbst die Kinder des Hofbesitzers hatten kein eigenes Kinderzimmer. Meist teilten sie ihr Zimmer mit den Sklaven, die im Haushalt der Familie arbeiteten. Ihre Kleider haben sie nicht in Schränken, sondern in Truhen untergebracht. In den Häusern gab es nur wenige große Tische. Statt eines Esstisches für alle

Wohnen 63

gab es kleine Tischchen, die man vor die Liegen stellte, auf denen es sich die Familie und der Besuch beim Essen bequem machte. Wenn kein Platz mehr auf den Liegen war, mussten sich die Frauen und wahrscheinlich die Kinder auf Stühle und Hocker setzen. Angestellte lebten meist in einem Raum, in ihm wurde gegessen, geschlafen und gespielt.

Ist ja gigantisch!

So wie heute in der Mitte eines Dorfes meist eine Kirche steht, so stand bei den Gutshöfen häufig eine Jupitergigantensäule in der Hofmitte. Jupiter war die höchste Gottheit der Römer.

Römischer Gutshof in Hechingen-Stein

Stelle Römische Farbe her!

Die Römer liebten es bunt. Sie bemalten ihre Möbel und Wände. Dazu verwendeten sie meist sogenannte Kaseinfarben. Die kannst du auch selbst herstellen.

DU BRAUCHST:
Eine Schwimm-, Schi- oder Schutzbrille, Gummihandschuhe, ein Päckchen Hirschhornsalz (das deine Eltern zum Backen von Lebkuchen und Amerikanern verwenden. Ungebacken ist es aber ungesund: Nicht probieren!), 250 Gramm Magerquark, ein Teelöffel Paprikapulver, ein Teelöffel Kurkuma (das oft für Speisen aus Indien verwendet wird), einen Eimer, einen Schneebesen mit langem Stiel, zwei Gurkengläser

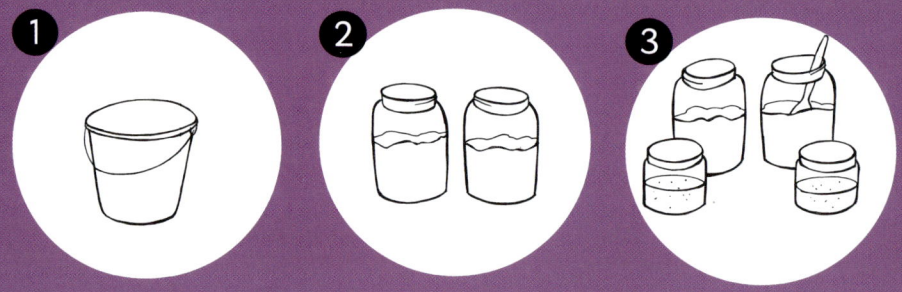

Hier helfen dir deine Eltern.

SO GEHT'S:
1. Schütte ein halbes Glas warmes Wasser in den Eimer. Löse mit aufgesetzter Schwimm-, Schi- oder Schutzbrille und mit Gummihandschuhen an den Händen einen Teelöffel Hirschhornsalz unter Rühren im Eimer auf. Die Flüssigkeit schäumt stark. Sie darf nicht in deine Augen gelangen!
2. Gib den Quark in den Eimer und rühr um. Nun kannst du den Inhalt des Eimers auf zwei Gurkengläser verteilen.
3. Gib in ein Glas das Kurkuma, in das andere das Paprikapulver und rühre gut um. Warte mindestens eine halbe Stunde, ehe du Holz oder Steine mit der Farbe bemalst. Wasch dir danach gründlich die Hände.

War das Leben in einer mittelalterlichen Stadt angenehm?

Mit dem Rückzug der Römer gingen auch deren Wohnkultur, Hygiene und Sauberkeit verloren. In den Städten des Mittelalters wurde der Abfall einfach auf die Straße gekippt, wo ihn dann Schweine fraßen. Sie dienten als Müllabfuhr und Lebensmittel. Die Häuser hatten auch keine Toiletten. Die Bewohner gingen einige Schritte hinter das Haus oder benutzten Steinguttöpfe, die sie auf der Straße ausleerten. Es muss in den Städten ziemlich gestunken haben – und der Geruch zog direkt in die Häuser, denn es gab noch keine Glasscheiben. Die kleinen Lichtlöcher der Häuser wurden mit gewachstem Stoff verschlossen oder mit Schweinsblasen. Auf die Straße konnte man durch sie natürlich nicht sehen. Innen war es dunkel. Abends zündete man Kienspan an, das sind dünne Holzstückchen, meist aus der Wurzel von Kiefern. Sie enthalten viel duftendes Baumharz. Helles Licht gaben sie nicht – und nach 20 Minuten war ein Span verbrannt und man musste einen neuen entzünden.

Schwäbisch-Gmünd, das ehemalige Wohnhaus ist heute ein Glockenturm

Dieser mittelalterliche Schrank besteht aus zwei Truhen, die man einzeln tragen kann.

Welche Möbel gab es im Mittelalter?

Die Bänke und Regale waren fest mit dem Boden und den Wänden verbunden. Auch Tische waren an der Wand befestigt. Man konnte sie herunterklappen, wenn man essen wollte. Oft dienten auch zwei hölzerne Böcke und ein darauf gelegtes Brett, die so genannte Tafel, als Esstisch. Nach dem Essen trug man die Tafel wieder ab und hatte Platz für andere Dinge. In einfachen Häusern gab es zum Sitzen Schemel. Vornehmere Personen leisteten sich Scherenstühle, die man einfach zusammenklappen und überall hin mitnehmen konnte.

Ein eigenes Bett zu haben war im Mittelalter nicht selbstverständlich. Nicht einmal die Ritter in den Burgen schliefen alleine in einem Zimmer. In der Regel teilte man sich einen Bettkasten. In ihm lagen strohgefüllte Matratzen. Wegen der Kälte der Steinfliesen stand das Bett nicht direkt auf dem Boden. Es wurde etwas erhöht gebaut und war auf drei Seiten mit Brettern oder Wänden abgeschlossen. Man musste einige Stufen hinaufsteigen. Zum Schlafen wickelte man sich in ein Leinentuch. Die Familie kuschelte sich im Bett eng aneinander, denn bei Nacht brannte das Herdfeuer nicht, und es wurde frostig kalt.

Franziska von Hohenheim

Franziska von Hohenheim war die zweite Frau des Württembergischen Herzogs Carl Eugen. Nach dessen Tod zog sie 1795 ins Schloss Kirchheim. Man sagt, sie habe einfach und zurückgezogen gewohnt, das heißt aber nicht, dass sie einsam war. Ihr Hofstaat umfasste etwa 50 Personen. Dazu gehörten neben Kammerfrauen und Dienern ein Tischdecker, ein Kaffeekocher, eine nur für ihre Wäsche zuständige Wäscherin, mehrere Kutscher und Gärtner sowie ein Friseur und ein französischer Koch.
Mit ihr lebten außerdem vier mit ihr verwandte Begleiterinnen und Begleiter.

Wie lebte der Adel in seinen Schlössern?

Im Zeitalter des Barock lebte der Adel in riesigen Schlössern mit unzähligen Zimmern. Hier mussten die Familien nicht auf engem Raum schlafen, essen und arbeiten, sondern die Herrschaften hatten mehrere eigene Schlafzimmer, groß und hoch wie Säle. Wer die Herrscherinnen und Herrscher besuchen kam, betrat erst einen Empfangssaal. Das nächste Zimmer war dann ein Schlafgemach mit einem Bett, bezogen mit bestickter chinesischer Seide und italienischen Bordüren, wie man noch eines im Schloss Favorite in Rastatt sehen kann. Die Wände des Schlafzimmers sind mit farblich passenden Stoffen bespannt. Die Betten in diesen Räumen waren keineswegs zum Schlafen da. Es waren Paradebetten, auf denen es sich die Adeligen bequem machen konnten, während die Untergebenen mit ihnen sprachen. Geschlafen haben auch die Fürsten in einfachen Betten, die man verheizt hat, wenn sie alt und unansehnlich geworden waren.

Oft befindet sich in den Schlafzimmern einer Fürstin auch ein Kinderbett, wie etwa im Schloss in Tettnang am Bodensee. Auch dieses Bett war nur Show. Die Fürstin zeigte darin ihr jeweils jüngstes Kind und nahm Glückwünsche entgegen. Das Kinderbett hat keine Wände oder Gitterstäbe, doch konnte das Baby auch so nicht aus dem Bettchen fallen. Seine Arme und Beine waren fest eingewickelt. Es konnte sich nicht bewegen. War der Besuch weg, kam schnell wieder die Amme des Kindes, eine Ersatzmutter, die dafür bezahlt wurde, dass sie das Kind stillte und pflegte.

Grünes Zimmer im Schloss Tettnang

Während im Barock fast nur Adelige in Schlössern lebten, änderte sich das, als vor ungefähr 130 Jahren in den Städten viele Fabriken gegründet wurden. Nun wurden auch Erfinder und Firmenvorstände reich. Sie konnten sich Villen leisten, die wie Paläste eingerichtet waren.

Geldadel!

Der Großunternehmer August Schmieder ließ sich 1882 in Karlsruhe ein Schloss bauen. Erst als der Besitzer gestorben war, kaufte es der Prinz von Baden und lebte mit der herzoglichen Familie darin.

Palais Schmieder in Karlsruhe

Ausflugstipp zum Wohnen in früheren Zeiten!

HOHENLOHE: FREILANDMUSEUM WACKERSHOFEN

Um zu sehen, wie Menschen früher gewohnt haben, sind Freilichtmuseen hervorragend geeignet. Häuser aus verschiedenen Dörfern, die abgerissen werden sollten, wurden abgebaut und nach den alten Plänen wieder aufgestellt. Im Freilandmuseum in Wackershofen sind neben einem Bahnhof, einer Kapelle, einer Schulstube, einem alten Gasthaus, Ställen, Scheunen und einem Backhaus auch Wohnhäuser aus verschiedenen Zeiten zu sehen. Man kann ein Armenhaus besichtigen. In diesem winzig kleinen Haus haben mehrere Familien gelebt. Auch das Haus des Tagelöhners, der nicht immer Arbeit finden konnte, steht auf dem Gelände. In diesen Häusern gibt es keine Kinderzimmer.

Nur in einem etwa 120 Jahre alten Wohn-Stall-Haus gibt es eine Kinderstube. In ihr stehen ein Kinderbett aus Metall und eine Wiege, eine Sitzecke mit Kinderstühlchen und Spielsachen. Das ist für Bauernhäuser sehr ungewöhnlich.

HOHENLOHE FREILANDMUSEUM WACKERSHOFEN
DORFSTRASSE 53 • 74523 SCHWÄBISCH HALL

Kinderzimmer im Freilandmuseum in Wackershofen

Kinderzimmer im Freilandmuseum in Wackershofen

Wohnen

Wieso schmückte man die Wände?

Adelige und reiche Kaufleute wollen seit vielen Jahrhunderten zeigen, aus was für einem vornehmen Haus sie stammen. An den Wänden hängen oft Bilder von verstorbenen Familienmitgliedern. Im Residenzschloss in Rastatt gibt es einen riesigen Ahnensaal der nur dazu diente, Besuchern die Vorfahren des Markgrafenpaares in großen Gemälden zu zeigen.

Ahnensaal im Schloss in Rastatt

Wohnen

Die einfacheren Haushalte hatten kaum Schmuck an der Wand. Oft bestimmte die Religion, welchen Wandschmuck eine Familie hatte. Die meisten Familien gehörten zur katholischen oder evangelischen Kirche. Katholische Familien hatten einen Herrgottswinkel. In der Ecke der guten Stube hing eine Holzfigur: Jesus am Kreuz. Daneben standen oft Marienfigürchen. Die Bewohner des Hauses sprachen vor dem Herrgottswinkel Gebete, dankten etwa für den neuen Tag oder das gute Essen. Bei evangelischen Familien hing meist ein Haussegen im Flur. Auf den Bildern ist oft mit Silberfäden ein Spruch aufgestickt. Wenn ein Kind mit etwa 13 Jahren in der Kirche konfirmiert wurde, dann schenkte es seiner Patentante und seinem Patenonkel so ein Bild. Hinten klebte es einen Dankesbrief auf. Es dankte den Paten, dass sie ihm als Kind geholfen und sich um es gekümmert hatten. Die Paten hängten dann den Haussegen bei sich auf. Eine Sammlung solcher Haussegen kannst du in der Ländlichen Bildergalerie im Schloss Ballmertshofen sehen.

Der Haussegen hing normalerweise im Flur.

Warum wuchsen die Städte?

Die Städte begannen bei uns vor 130 Jahren sehr stark zu wachsen. Immer mehr Menschen suchten Arbeit in Mannheim, Karlsruhe oder Stuttgart. Wohnraum war knapp. Es wurden viele neue Häuser gebaut, oft mit drei oder mehr Stockwerken und ein oder zwei Hinterhäusern. Diese waren nicht so schön wie das Haus an der Straße. Vorne lebten oft Ladenbesitzer, Ärzte und hohe Beamte, in den Hinterhäusern Arbeiter- und Handwerkerfamilien.

Viele unverheiratete Männer und Frauen zogen in die Stadt. Sie hatten nicht das Geld für eine eigene Wohnung. Oft arbeiteten sie nachts. Das wurde besser bezahlt. Eltern mit wenig Einkommen vermieteten ihre Betten und die ihrer Kinder am Tag an Arbeiter, die darin schlafen durften, bis ihre nächste Nachtschicht begann. Erst wenn die Mieter zur Arbeit gingen, durften die Kinder der Wohnungsbesitzer schlafen gehen.

Arbeiterfamilie in ihrer einfachen Wohnung

Welche Geschichte hat das Klo?

Interview mit Roland Schmitt aus Eislingen, der seit 40 Jahren Nachbildungen alter Toiletten sammelt.

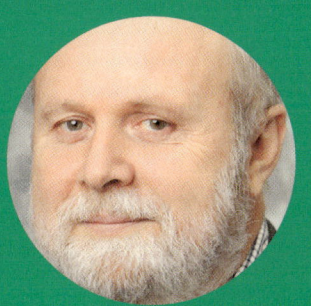

Roland Schmitt

Was passiert heute, wenn wir auf der Toilette spülen?

Seit etwa 120 Jahren begann man die Toiletten an die Stadtentwässerung anzuschließen, das sind Rohre, die die Form von einem auf dem Kopf stehenden Ei haben. In ihnen werden unsere Fäkalien schnell weggespült.

Und ehe es die Kanalisation gab?

Auf dem Land gab es Plumpsklos. Das waren kleine Häuschen im Hof, oft hinter dem Stall. Unter dem Loch, auf dem man saß, wurden die Geschäfte gesammelt. Man verwendete sie als Dünger auf dem Feld. In den Städten gab es von den Toiletten in den hohen Stadthäusern lange Rohre. In denen fiel alles hinunter in den Keller. Einmal in der Woche etwa kam ein Fuhrwerk mit einem Tank. Der Keller wurde ausgepumpt und der Inhalt des Tanks mit Pferden vor die Stadt gefahren.

Hatten alle Wohnungen in der Stadt ihre eigene Toilette?

Die Reichen hatten oft ein eigenes Klo. In Mietshäusern in Stuttgart oder Mannheim befand sich oft eine Toilette für alle Familien auf jeder Etage.

Warum lagen die Toiletten außerhalb der Wohnung?

Heute haben alle Toiletten einen mit Wasser gefüllten Geruchsverschluss, den Siphon. Der wurde aber erst vor gut 100 Jahren erfunden. Davor hat es auf den Toiletten oft gestunken. Da war es besser auf dem Gang oder in einem Anbau aufs Klo zu gehen.

Warum sind heute die Toiletten meist aus Keramik?

Früher waren sie aus Holz oder Blech. An der Keramikschüssel können sich aber weniger Bakterien sammeln. Weil sie oben einen Wulst haben, muss man auch keine Sorge haben, dass es beim Benützen spritzt.

Bäder und Toiletten als Spielzeug

Wo baute man 21 Häuser in nur 21 Wochen?

In Stuttgart fand 1927 eine Bauausstellung statt. Sie hieß »Neues Wohnen«. Architekten und Künstler wollten Häuser bauen, die zu modernen Familien in der Stadt passten. Damals lebten die meisten Menschen noch in schlecht zu heizenden Häusern mit hohen Zimmerdecken, teuer gebaut aus behauenen Steinen und oft mit Schnörkeln und Figuren an der Fassade. Die Architekten, die in Stuttgart die Weißenhofsiedlung in Windeseile bauten, planten schlichte Betonbauten. Sie hatten oft kleine Küchen, gedacht für berufstätige Frauen. Sie waren mit eben erst modern gewordenen Elektrogeräten ausgestattet: Elektroherde und Mixer. Die Miniküchen waren nicht gemütlich, aber schnell zu putzen. Die Kinder bekamen eigene Zimmerchen. Selbst Reihenhäuser für ärmere Familien hatten einen Hof mit einem Mäuerchen, in dem man spielen konnte. Ärzte hatten erkannt, dass es für Kinder gesund ist, sich im Freien aufzuhalten. Die Weißenhofsiedlung ist ein weltweites Vorbild für moderne Häuser geworden.

! Waldesduft statt dicker Luft!

Die Arbeiterkinder hatten außer dem Hof kaum Spielflächen. Viele Vereine und Gruppen von Arbeitern errichteten vor mehr als 100 Jahren außerhalb von Stuttgart Waldheime mit Spielwiesen. In Stuttgart gibt es immer noch 30 Waldheime, die für die Stadtkinder ein Ferienprogramm anbieten.

Wohnen 77

In dem Haus, das der Architekt Le Corbusier entworfen hat, befindet sich heute das Weißenhofmuseum, das die Geschichte der Siedlung zeigt.

Welche Feste kannten die Menschen?

Wie feierten die Römer?

Sicher wurde auch schon gefeiert, ehe die Menschen im heutigen Baden-Württemberg die christliche Religion angenommen haben. Welche Feste es gab, ist aber schwer herauszufinden.
Als die Römer bei uns herrschten, da haben sie ihre Traditionen und Feste mitgebracht. Wie aber genau bei uns gefeiert wurde, weiß man nicht. Fast kein antiker Autor hat darüber etwas geschrieben. Es wurden aber Reste von Tempelanlagen ausgegraben, z.B. in Kempten im Allgäu, in Rottenburg am Neckar – auch wenn dort nicht mehr viel zu sehen ist –, oder in Güglingen im Zabergäu. Hier wurden sicher Feste zu Ehren der Götter gefeiert. Die Römer beteten je nach Region und Situation zu verschiedenen Göttern. Der oberste Gott hieß Jupiter. Für ihn gab es viele Feiern.

Die Römer übernahmen auch Götter aus den eroberten Ländern, etwa die Göttin Epona. Diese Statue stammt aus dem 2. oder 3. Jahrhundert nach Christus und wurde in Köngen ausgegraben.

Feste, Spiel und Sport

Was feierten die Römer bei uns?

Interview mit Dr. Leif Scheuermann. Er hat für seine Doktorarbeit untersucht, an was die Römer am Neckar geglaubt haben.

Feierten die Römer oft?
Die Römer haben oft und gern gefeiert, so viel ist klar. Wir wissen von vielen den unterschiedlichen Göttern gewidmeten Festen, den sogenannten »feriae«. Sie wurden in Kalendern, den »fasti«, aufgeschrieben.

Warum so viele Feste?
Die Römer glaubten, dass ein Unheil geschieht, wenn man einen Gott vergisst. Der Gott wäre dann beleidigt und straft die Menschen.

Wie hat man gefeiert?
Zu den Festen wurden Tiere vor den Tempeln für die Götter geschlachtet, außerdem wurden Theaterstücke aufgeführt. Zu manchen Festen gab es auch Schaukämpfe, oder es wurden Geld und Getreide an die Bevölkerung verteilt.

Kann man noch Reste von Orten sehen, an denen gefeiert wurde?
In den großen römischen Siedlungen gibt es Reste von Theatern – meist zusammen mit Tempelanlagen –, und so können wir sagen, dass auch dort an Festtagen Schauspiele aufgeführt wurden. In Riegel am Kaiserstuhl hat man ein »Theaterschwert« gefunden, das man sich um den Bauch klemmen konnte, sodass es aussah, als sei ein Schauspieler erstochen worden. In den Amphitheatern, den Freilichttheatern, wurden Schaukämpfe veranstaltet. Diese Veranstaltungen sind sicher an Festen abgehalten worden.

Kultschwert aus Riegel am Kaiserstuhl

Feste, Spiel und Sport

Warum feiern wir Weihnachten?

Die meisten unserer heutigen Feste werden bei uns gefeiert, seit die Menschen hier Christen wurden, so auch Weihnachten. Die Christen feiern an diesen Tagen, dass Gottes Sohn als Baby auf die Erde gekommen ist.
In den meisten Familien steht heute ein Weihnachtsbaum. Das ist ein Nadelbaum, meist eine Fichte oder Tanne, der mit echten oder elektrischen Kerzen und glänzenden Kugeln geschmückt ist. Anfänglich stand Heiligabend nur in der Kirche ein Baum. Er war Teil eines kleinen Schauspiels, das man am 24. Dezember im Gottesdienst vorspielte. Es handelte vom ersten Mann, Adam, und Eva, der ersten Frau, die gegen Gottes Willen im Paradies eine Frucht pflücken und essen. Da die Obstbäume im Winter kein Laub tragen, nahm man für dieses Schauspiel einen immergrünen Baum und hängte Äpfel an seine Zweige.

Weihnachtskrippe in der Liebfrauenkirche in Ravensburg

Barockes Adam-und-Eva-Spiel in der Kirche St. Gallus und Ulrich in Kißlegg

Bastel Krippenschäfchen!

In vielen Häusern wird in der Weihnachtszeit eine Krippe aufgestellt. Als Krippe bezeichnet man einen Futtertrog für Tiere. Die Weihnachtskrippe besteht aber neben dem Trog, in dem eine kleine Jesusfigur liegt, aus seinen Eltern Maria und Joseph, den Hirten mit ihren Schafen und einem Engel, der den Hirten von dem Kind erzählt, das in einem Stall geboren sein soll, weil die Eltern kein freies Bett mehr in den Gasthöfen fanden.

DU BRAUCHST:
Für das Basteln der Schäfchen brauchst du ein 30 Zentimeter langes Stück braunen Chenilledraht oder Pfeifenputzer, eine kleine Drahtzange und ungesponnene Rohwolle vom Schaf.

SO GEHTS'S:
1. Schneide den Chenilledraht mit der Zange in ein 15 Zentimeter und zwei 7,5 Zentimeter lange Stücke.
2. Biege aus dem Chenilledraht die Grundform eines Schäfchens. Aus dem langen Stück formst du in der Mitte eine kleine Öse als Kopf, daran anschließend eine größere als Bauch. Dreh die Enden als kurzen Schwanz zusammen.
3. Die kurzen Stücke knickst du in der Mitte für die Beine. Lege eines über den Hals, eines zwischen Schwanz und Bauch und zwirbel sie fest.
4. Umwickele das Drahtgerüst mit Wolle. Beginne bei den Beinen und dem Schwanz, die du fest einwickelst. Am Bauch lässt du die Wolle flauschiger.

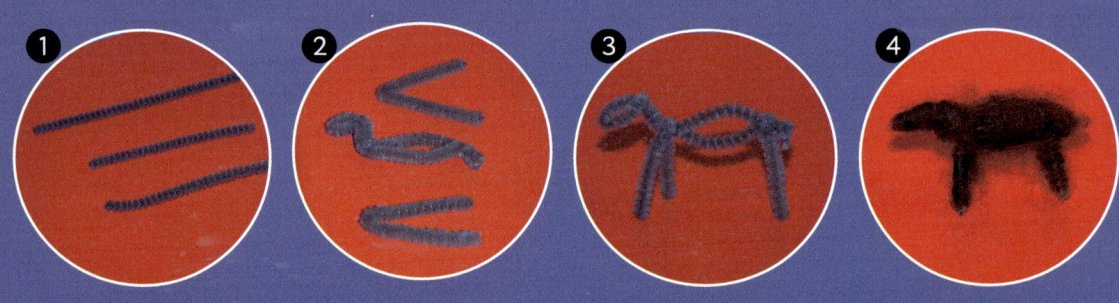

Feste, Spiel und Sport

Dreikönigstag

In Baden-Württemberg, in Bayern und in Sachsen-Anhalt ist der Dreikönigstag ein Feiertag. In den anderen deutschen Bundesländern ist der 6. Januar Arbeitstag. Der Tag ist den drei weisen Männern gewidmet, von denen es in der Bibel heißt, dass sie als Sterndeuter am Himmel lesen konnten, dass in Bethlehem ein König geboren worden ist. Sie seien deswegen auf die Reise gegangen, hätten Jesus gefunden und dem Säugling Geschenke gebracht. In vielen Orten in Baden-Württemberg gehen am 6. Januar Sternsinger von Tür zu Tür. Sie sind als die drei Weisen aus dem Morgenland gekleidet, tragen einen Stern mit sich und singen Lieder. Wenn du Sternsinger werden willst, musst du dich bei deinem Pfarramt melden. Die Kinder schreiben einen Segensspruch an die Türe der Häuser, die sie besuchen. Er lautet C+M+B »Christus mansionem benedicat«. Das ist Lateinisch. Es heißt »Christus segne dieses Haus«. Die Sternsinger bitten um eine Spende. Das Geld wird für notleidende Kinder und für Kinderärzte in armen Ländern verwendet.

Die Sternsinger kommen. Bundesweite Eröffnungsfeier im Kaiserdom in Speyer.

Feste, Spiel und Sport

Woher kommt die Fasnet?

Das Wort Fasnet kommt von einem Wort, das man vor 800 Jahren anfing zu gebrauchen: »vastnacht«. Es war der Abend vor der kirchlichen Fastenzeit, an dem noch einmal kräftig gegessen und gefeiert werden durfte. An Fasching tragen noch heute viele Menschen Kostüme. Das geht auf alte Schauspiele zurück, die meist die Schüler in kirchlichen Schulen vorgeführt haben. Sie sollten den Zuschauer vor Sünden warnen, also zeigen, welches Verhalten falsch ist. Traditionelle Kostüme im Schwarzwald sind Schönmasken, etwa die Weißnarren. Die sollten zeigen, dass man sich selbst nicht schöner finden soll als andere Leute. Andere tragen Fleckenkostüme als Zeichen dafür, dass alle Menschen sich beflecken, also Fehler machen. Die Schalknarren kritisierten den Egoismus der Menschen, die nur an sich denken. Auch Teufel und Hexen sind Symbole für ein Leben ohne Regeln. In der Fasnet wurden Menschen offen kritisiert, von denen man wusste, dass sie sich im vergangenen Jahr falsch verhalten haben.

Das Spiel endete am Aschermittwoch. Dann ging das Narrenreich zugrunde. Die Menschen haben am Aschermittwoch ihre das Böse darstellenden Kostüme wieder abgelegt, um zu zeigen, dass das Gute siegt.

Narr aus Bräunlingen

Wieso feiern wir Ostern?

Die Kinder freuen sich schon seit Jahrhunderten jährlich auf Ostern. Früher durfte in der Zeit vor Ostern kein Fleisch gegessen werden. Auch der Verzehr von Eiern war verboten. Die Menschen erinnerten sich so jedes Jahr an den Tod Jesu, der unschuldig verurteilt und umgebracht worden ist. Sie wollten als Zeichen ihrer Trauer weniger essen. Die Hühner aber legten weiter Eier. Sieben Wochen lang wurden diese Eier in Salz eingelegt haltbar gemacht oder hart gekocht. Viele Menschen glauben auch heute, dass Jesus das Grab vor 2 000 Jahren wieder verlassen und den Tod besiegt hat. Zu Ostern wird üppig gegessen und man verschenkt Eier.

Der Brauch Eier zu verstecken ist bei uns sehr alt. Der badische Abt Jakob von Schlüttern hat 1691 an Ostern in sein Tagebuch geschrieben, dass er für die Kinder in seiner Umgebung Ostereier versteckt hat. Ein Abt ist der Leiter eines Klosters, eines Hauses, in dem fromme Männer zusammenleben.

Helloween im Europapark in Rust

Helloween und Allerheiligen

Das Fest hat heute einen englischen Namen und war in Deutschland auch lange fast vergessen. Hellow ist das Wort für »Heilige«, und man feiert das Fest am Abend vor Allerheiligen. Am Tag vor christlichen Feiertagen durften Erwachsene, aber besonders auch Kinder aus armen Familien von Haus zu Haus gehen und um etwas zu essen bitten, damit auch die Familien mit wenig Geld den Feiertag ohne Sorgen feiern können. Man nennt diese Sitte »Heischebrauch«. In Baden-Württemberg wurde es den Menschen mit der Zeit peinlich, ihre Kinder betteln zu schicken, aber in Irland und den USA haben sich diese Heischebräuche erhalten. Inzwischen gehen auch hier wieder viele Kinder an Helloween betteln.

Auch wenn an Helloween heute wild gefeiert wird: In der Nacht ist Schluss, denn der Allerheiligentag ist in Baden-Württemberg und vier anderen deutschen Bundesländern ein stiller Feiertag. Am 1. November dürfen keine Tanzveranstaltungen stattfinden, sogar laute Musik ist verboten. Es gibt Andachten auf den Friedhöfen. Die Gräber sind geschmückt und es brennen dort Kerzen.

Feste, Spiel und Sport

Wer feierte Geburtstag – und wer nicht?

Du weißt genau, wann du Geburtstag hast. Und falls du es mal vergessen solltest, so steht es auf deiner Geburtsurkunde. Bis ins 18. Jahrhundert wurde nur in adeligen Kreisen das Geburtsdatum wichtig genommen und der Geburtstag gefeiert. Die reichen Bürger taten es ihnen seit dem 19. Jahrhundert gleich. Die Bauern hatten für Feiern an Wochentagen keine Zeit. Erst vor 100 Jahren wurde es in evangelischen Gebieten, etwa um Karlsruhe und Stuttgart, üblich, den Geburtstag zu feiern. In Oberschwaben und Schwäbisch Gmünd waren die meisten Kinder katholisch – und hier wird in vielen Familien erst seit 100 Jahren Geburtstag gefeiert. Die Katholiken feierten in früheren Zeiten sehr oft den Namenstag. Zum Geburtstag gab es meist einen Kuchen und neue Kleidung, manchmal auch ein Spielzeug.

Fette Wälzer!

Bevor es Standesämter gab, wurden Geburten, Trauungen und Todesfälle nur in Kirchenbüchern eingetragen

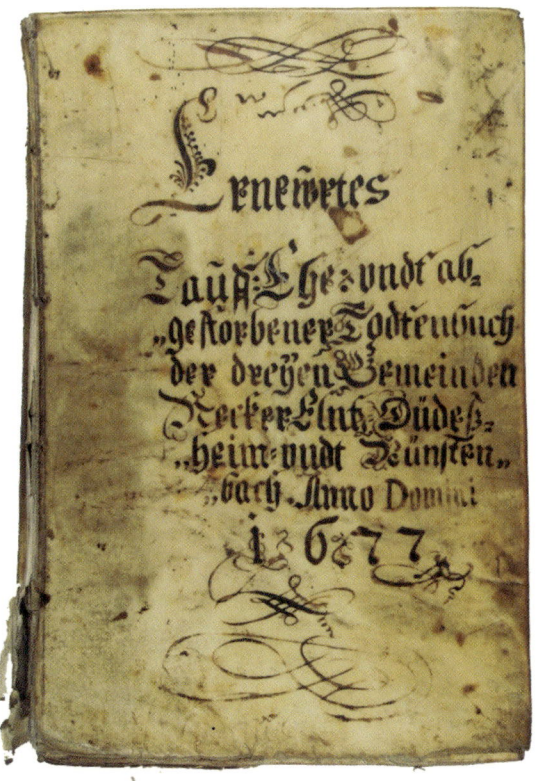

Reformiertes Kirchenbuch Neckarelz 1677–1764

Wer erfand den Teddybären?

Schon vor 100 Jahren waren Stofftiere ein beliebtes Geburtstagsgeschenk für Kinder.

Teddy-Bär von Steiff

Oft hatten sie die Form von exotischen Tieren, die die Kinder nur aus Büchern kannten. Eine Herstellerin von Stoffelefanten war Margarete Steiff. Sie war schon als Kind gelähmt und wurde von ihren Geschwistern im Leiterwagen in die Schule gezogen. Dennoch lernte sie Näherin und gründete eine Stofftierfabrik. Die Elefanten waren der Renner. 1902 erfand der Neffe von Margarete Steiff den Teddybären. Fünf Jahre später wurde in Giengen schon etwa eine Million Teddybären pro Jahr genäht. Kinder aus aller Welt spielen seitdem mit Teddybären.

Margarete Steiff mit einem Teddy

Modelllokomotive »Storchenbein« von 1891

Wann wurden die ersten Modelleisenbahnen gebaut?

Mit kleinen Zügen spielen die Kinder bereits seit 180 Jahren. Schon als 1835 die erste Eisenbahnlinie in Deutschland eröffnet wurde, konnte man die Lokomotive mit dem Namen »Adler« als Papierbastelbogen kaufen. Seit 1891 wurden bei der Firma Märklin in Göppingen Modellbahnen gebaut, die selbst fuhren. Die ersten hatten ein kleines Uhrwerk eingebaut und bewegten sich auf einem Gleis in der Form einer Acht. Heute fahren fast alle Modelleisenbahnen der Welt auf Schienen. Den Gleisabstand, den die Märklinbahn auf der Leipziger Messe 1891 hatte, wurde von allen anderen Modelleisenbahnbauern übernommen. Vier Jahre später erfand Märklin verstellbare Modellweichen, weitere fünf Jahre später Züge, die elektrisch fuhren und zwischen den Gleisen eine Stromversorgung hatten. Und im darauffolgenden Jahr, 1901, kam die Fernbedienung auf den Markt.

Die Spielzeugfirma, die Eugen und Karl Märklin von ihrem Vater übernommen hatten, stellte bis zu dieser Zeit Puppenküchen, Handkarren, Schiffsmodelle, Kreisel und Karussells her.

Karl Märklin

Feste, Spiel und Sport

Warum gab es Papiertheater als Spielzeug?

Theater sind viel älter als Kino oder Fernsehen. Die Stücke wurden schon bei den Griechen live vor Publikum gespielt. Bei uns durften sich die Aufführungen zunächst nur Adelige ansehen. Die Theater befanden sich in ihren Schlössern. Vor über 200 Jahren interessierten sich dann immer mehr Bürger für das Theater. Das Bürgertum erwartete, dass man von den Stücken, die man sieht, etwas lernt. Man sollte mit den Figuren auf der Bühne mitfühlen und sich ansehen, wie sie sich in schwierigen Situationen verhielten. Die Kinder durften die Stücke daheim oft mit Papiertheatern nachspielen. Der Vorhang und die Figuren sind alle aus Papier, aber man kann sie bewegen. Viele Papiertheater wurden in Esslingen am Neckar gedruckt. Heute kann man dort Papiertheater im J. F. Schreiber-Museum im Salemer Pfleghof ansehen und selbst basteln.

Feste, Spiel und Sport 91

Papiertheater aus dem Schreiberverlag in Esslingen am Neckar

Ausflugstipp zu altem Spielzeug

AULENDORF: SCHLOSSMUSEUM AULENDORF

Im Schloss Aulendorf befindet sich ein Spielzeugmuseum.

Wenn die Eltern vor 100 Jahren Spielzeug für ihre Kinder kauften, dann wollten sie ihnen damit oft nicht nur eine Freude machen. Die Kinder sollten beim Spielen auch etwas lernen. Im Schloss in Aulendorf sind viele Bau- und Experimentierkästen ausgestellt, mit denen die Kinder Versuche machen konnten. So konnten sie mit speziellen Brückenbaukästen probieren, wie man eine Brücke tragfähig aufbauen kann. Mit Dampfmaschinen erzeugten sie ihre eigene Energie und trieben Räder an.

Ausgestellt ist auch frühes elektrotechnisches Spielzeug. Kinder lernten, wie man eine Glühbirne zum Leuchten bringt. Aus Baden-Württemberg stammen die Metallbaukästen, mit denen Jungen Ingenieur spielen konnten. Vor 100 Jahren waren die Erwachsenen von Technik sehr fasziniert, und Ingenieure wurden für ihre Erfindungen gefeiert. Deswegen träumten auch viele Kinder davon, vor allem aber die Jungen, Techniker oder Konstrukteur zu werden.

SCHLOSSMUSEUM AULENDORF
HAUPTSTRASSE 35
88326 AULENDORF

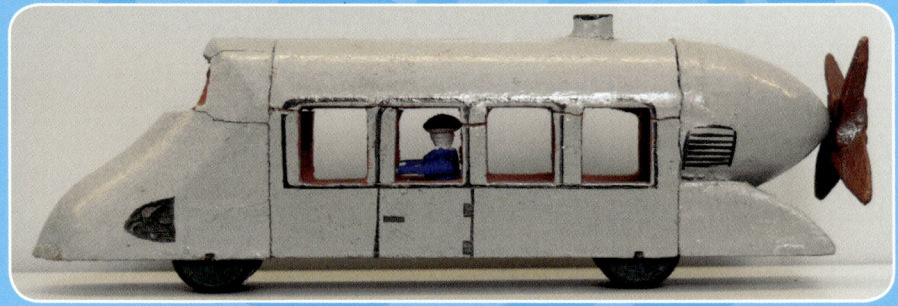

Der Schienenzeppelin war das schnellste Fahrzeug seiner Zeit.

Feste, Spiel und Sport

Warum gründeten sich Turnvereine?

Viele Kinder sind heute Mitglieder in Sportvereinen. In den ersten Turnvereinen aber waren nur Männer zugelassen. Die ersten Vereine entstanden vor etwa 150 Jahren, in einer Zeit, als es verboten war, sich mit Menschen über Politik zu unterhalten. In den Vereinen wurde geturnt. Die Männer wollten ihren Körper stärken, machten Ausdauertraining und gingen Wandern. Man traf sich zu Turnfesten. Auf denen wurde natürlich Sport getrieben, aber heimlich wurde über politische Themen gesprochen. Wettkämpfe wie heute gab es nicht.

Als die Turnvereine entstanden, gab es auch noch keine Turnanzüge. Es wurde eine lange graue Leinenhose mit einer kurzen oben geschlossenen Jacke getragen. Diese Uniform trugen die Sportler nicht nur zum Turnen, sondern auch zu allen Festen und zu Turnfahrten. Meist standen als Turngeräte ein Reck, Barren, Pferd und einige Hanteln zur Verfügung. Rumalbern war auf dem Platz tabu. Wer mitturnen wollte, musste sich an strenge Regeln halten und ein Turngesetz unterschreiben.

Turnverein aus den 1920er Jahren

Feste, Spiel und Sport

Schwimmbäder gibt es bei uns schon seit 1777. Damals wurde in Mannheim die erste Flussbadeanstalt in Deutschland eröffnet. Das war aber noch kein Strandbad, bei dem man am Ufer liegen konnte, sondern man ging auf einem Steg zu einem Schiff, das fest verankert auf dem Rhein lag. Dort konnte man sich umkleiden ohne vom Ufer aus gesehen zu werden und dann in den Fluss steigen. Die meisten Benutzer konnten nicht schwimmen. Es hieß aber, dass kalte Bäder gesund sind, abhärten und den Menschen vor Krankheiten schützen.

Das Herschelbad in Mannheim war 1920 eines der größten Bäder in Deutschland und hatte ein separates Hundebad.

Feste, Spiel und Sport

Fußball ist ein recht neuer Sport. Er kam wahrscheinlich mit Schülern aus England zu uns, die in Bad Cannstatt eine Privatschule besuchten. Schüler der Kloseschen Privatschule spielten schon 1865 Fußball auf dem Wasen. Heute steht hier immer noch ein Fußballstadion: die Mercedes-Benz-Arena. Ab 1894 wurde in Stuttgart die erste Fußballzeitung auf Deutsch gedruckt: »Der Fußball. Zeitung zur Förderung aller Athletischen Sports«.

> **! Ein affiger Sport!**
> Fußball erniedrige den Menschen zum Affen, schrieb der Stuttgarter Gymnasiallehrer Karl Planck. Er bezeichnete 1898 den neuen Sport abfällig als »Fußlümmelei«.

Titelblatt des Buches Fusslümmelei: über Stauchballspiel und englische Krankheit von Karl Planck.

Schule und Arbeit

Wie arbeiteten und lernten die Menschen?

Wie stellten die frühen Menschen Werkzeuge her?

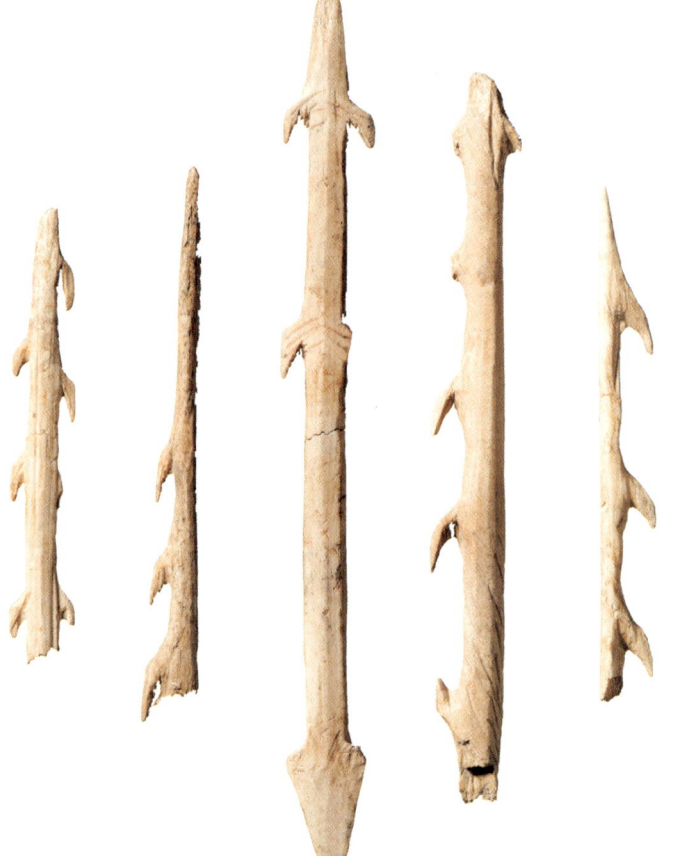

Die frühen Menschen machten ihre Werkzeuge aus Stein. Man nennt die Zeit deswegen Steinzeit. Stein kann man zwar behauen, aber er ist hart und splittert. Etwas einfacher zu bearbeiten waren da schon Knochen und Geweihe. Aus diesen konnte man Waffen schnitzen. Aus Geweihen wurden Harpunen für die Jagd auf Rentiere hergestellt. Sie haben kleine Haken. Die Jäger konnten die Harpunen schleudern und Tiere in 100 Metern Entfernung erlegen.

Etwa 12 000 Jahre alte Harpunenspitzen aus Knochen und Geweih aus der Brillenhöhle

Schule und Arbeit

Silberring von Trichtingen

In der Bronzezeit begannen die Menschen, Steine, in denen sich Metall befand, abzubauen. Das sogenannte Erz wurde in einem Schmelzofen flüssig gemacht. Dann konnte man es in eine Form gießen und abkühlen lassen. Eisenstücke kann man immer wieder erhitzen und in die Form hämmern, die man haben will. Die Zeit, als die Menschen begannen Eisen zu schmieden, nennt man heute Eisenzeit. Es entstanden Messer, Waffen, aber auch Schmuck. Bei Trichtingen hat man einen über 2 000 Jahre alten Ring gefunden. Er besteht aus Eisen und wurde mit Silber verziert. Der Ring ist fast 7 Kilogramm schwer, viel zu schwer, um ihn um den Hals zu tragen. Wozu er gedient hat, weiß man bis heute nicht.

So ein alter Schrott!

Schrott wird schon sehr lange gesammelt, wieder eingeschmolzen und zu neuen Gegenständen gegossen. Bei Albstatt-Pfeffingen hat man eine etwa 3 000 Jahre alte Altmetallsammlung gefunden. Man grub 41 kaputte Sicheln, Messer, Beile, Lanzenspitzen, Armringe und Nadeln sowie die Reste eines bronzenen Brustpanzers aus.

Fund aus Albstatt-Pfeffingen

Ausflugstipp zu Blau und Silber

NEUBULACH : SILBERBERGWERK »HELLA-GLÜCK«

Im Silberbergwerk »Hella-Glück« ist es auch im Sommer kühl. Vor einer Besichtigung ziehst du dir am besten eine lange Hose und eine Jacke an. Du bekommst einen Regenumhang und einen Helm. Dann darfst du die Stollen besichtigen, die Bergarbeiter früher in den Berg geschlagen haben. Du bist dann 65 Meter unter der Erde, und über dir spielen Leute Golf. Die kannst du aber natürlich nicht sehen. Der Führer erklärt, wie hart die Arbeit im Bergbau war. Die Bergleute arbeiteten 12 bis 14 Stunden pro Tag und hatten kein elektrisches Licht. Der Kienspahn, mit dem sie Licht machten, war nur wenig heller als eine Kerze. Bergarbeiter wurden wegen des schlechten Lichtes unter Tage schnell blind. Sie konnten oft mit dreißig Jahren nichts mehr sehen. Eine Besonderheit im Bergwerk Hella-Glück sind die baufleckigen Steine in manchen Stollen. Das Blaue ist Azurit. In Neubulach wurde nicht nur Silber abgebaut, sondern auch der blaue Stein, der zermahlen wurde. Der Farbstaub wurde gut bezahlt und bis nach Italien verkauft. Man verwendete ihn für Gemälde in Schlössern und Kirchen.

HISTORISCHES
SILBERBERGWERK
NEUBULACH
HELLA-GLÜCK-STOLLEN 1
75387 NEUBULACH

Aus Azuritsteinen wurde blaue Farbe gewonnen.

Stollen »Hella-Glück« in Neubulach

Schule und Arbeit
Was lernten die Kinder der Ritter?

Im Mittelalter waren es hauptsächlich die Priester und Mönche, die lesen und schreiben konnten. Das lernte man nämlich meist an kirchlichen Schulen. Für einen Ritter gehörte das nicht zur Ausbildung. Wenn ein adeliger Junge Ritter werden wollte, dann ging er als Knappe an einen anderen Hof. Er lernte Reiten, mit Pfeil und Bogen zu schießen, Fechten, Jagen, Schachspielen und Verse zu dichten.

Selbst aufschreiben musste ein Ritter seine Reime meist nicht. Das übernahm der an der Burg arbeitende Priester. Manche Ritter dachten sogar, dass es für Männer schädlich sei, lesen und schreiben zu lernen, sie würden dann zu sanft.

Die Frauen auf der Burg dagegen lernten Bücher zu lesen. Viele von ihnen machten auch Musik und ließen sich Fremdsprachen beibringen. All das lernten sie aber nicht an einer öffentlichen Schule, sondern entweder von der eigene Mutter, die mit ihnen übte, oder vom Priester, der ihnen direkt auf der Burg Unterricht erteilte.

Nicht alle Kinder, die von Rittern abstammten, wurden selbst wieder zu Rittern. Manche wurden schon mit sechs

Ein Knappe lernt bei einem Ritter, um später selbst Ritter zu werden.

Schule und Arbeit

oder sieben Jahren einem Kloster zur Erziehung übergeben. Die Eltern zahlten viel für die Ausbildung ihrer Kinder, die Mönche oder Nonnen wurden. Die späteren Kirchenleute lernten nicht nur die lateinische Sprache, die Bibeltexte, Kirchengesang und Gebete. Sie lernten auch gut zu reden und zu argumentieren. Musik, Mathematik, Erdkunde und Sternenkunde waren wichtige Fächer an den Klosterschulen.

Viele adelige Mädchen lernten im Mittelalter lesen.

In der Klosterschule unterrichten Mönche.

An die Tafel bitte!

Geschrieben wurde mit einem Stäbchen auf Holztäfelchen, die mit Wachs beschichtet waren. Papier war kostbar und für den Gebrauch im Unterricht viel zu teuer.

Küfer in Ravensburg auf einer Zunfttafel (1673)

Wie lernten und arbeiteten die Handwerker im Mittelalter?

Im Mittelalter gab es in allen Städten Bäcker, Metzger, Schmiede, Schneider, Schreiner, Glaser, Schuster, Töpfer und andere Handwerksbetriebe. Die Handwerker, die dasselbe produzierten, wohnten und arbeiteten oft alle in derselben Gasse und bildeten eine Zunft. Die Zunft bestimmte bei den Bäckern etwa, was jedes Brötchen wiegen muss, zu welchem Preis es verkauft wird und wie viele Brötchen jeder Bäcker am Tag backen darf. Wenn ein Handwerker krank wurde, dann sorgte die Zunft für ihn, denn es gab noch keine Krankenversicherung. Die Zünfte veranstalteten Feste und hatten oft eigene Nischen in der Stadtkirche, wo sie gemeinsame Gottesdienste feierten.

Die Zunft bestimmte auch, wer Handwerker werden durfte. Nur Kinder, deren Eltern verheiratet waren, hatten eine Chance. Die Zunft regelte auch, was junge Handwerker lernen sollten. Heute wie damals gab es drei Stufen der Ausbildung: Lehrling, Geselle und Meister. Manche Kinder wurden schon im Alter von zehn Jahren in die Lehre gegeben. Die Eltern mussten für ihre Ausbildung zahlen. Der Lehrling bekam in der Familie des Meisters Unterkunft und Verpflegung. Er wurde fast zum Familienmitglied. Er musste dem Meister versprechen zu gehorchen. Tat er es nicht, durfte der Meister ihn mit Schlägen bestrafen. Den Abschluss der Ausbildung bildete die Gesellenprüfung, die vor der gesamten Zunft abzulegen war.

Einige Gesellen gingen auf eine drei- bis sechsjährige Wanderschaft, die Walz. Die jungen Männer blieben einige Wochen oder Monate bei einem Meister in einer anderen Stadt, versuchten dort neue Techniken zu lernen, die man bei ihnen daheim nicht kannte, und zogen dann zum nächsten Betrieb, der ihnen Arbeit bot. Erst nach der Wanderschaft konnte

Schule und Arbeit

die Meisterprüfung abgelegt werden. War das geschafft, durfte ein Handwerker selbst einen Betrieb leiten, Lehrlinge ausbilden und heiraten.

Mädchen konnten keinen Handwerksberuf erlernen und durften auch nicht auf Wanderschaft gehen. Frauen konnten nur einen Handwerksbetrieb führen, wenn ihr Mann gestorben war.

> **! Sicher ist sicher!**
> Die Handwerker einer Zunft verehrten oft einen Schutzpatron. Die Wagner und Weber etwa beteten zur Heiligen Katharina von Alexandria, die Schlosser und Schmiede zum heiligen Eligius. Sie erbaten sich Schutz für sich und ihre Familie.

Der Heilige Artimisius war der Zunftheilige der Freiburger Metzgerszunft.

Schule und Arbeit

Wo lernten die Stadtkinder?

In den Städten konnten die Kinder in der frühen Neuzeit entweder die kirchliche Schule besuchen oder zum städtischen Magister gehen. Das war ein angesehener, gebildeter Mann, der Unterricht in allen Fächern gab. Er hatte meist noch Lehrgehilfen. In der Lateinschule wurde nur Latein gesprochen. In der Stadt gab es aber auch Schulen, in denen auf Deutsch unterrichtet wurde. Hier konnten die Kinder in ihrer Muttersprache lesen und schreiben lernen. Sowohl die Kirchen- als auch die Stadtschulen kosteten mehr Geld, als viele Eltern bezahlen konnten. So entstanden billigere Winkelschulen, die oft keine Schulgebäude besaßen. Der Unterricht fand in der Stube des Lehrers und der Lehrerin statt. Die lasen gegen Geld auch Leuten, die nicht lesen konnten, Texte vor und übernahmen Rechenaufgaben für sie. Auch Erwachsene, die lesen lernen wollten, wurden unterrichtet. Kinder konnten gegen Aufpreis ein Essen bekommen.

Lehrbuch des aus Balingen stammenden Rechenmeisters Gregor Reisch (1503)

Wo lernten die Landkinder?

Vor 500 Jahren wurden auch in den Dörfern immer mehr Schulen eröffnet. Das Hauptziel war, dass die Kinder lernen sollen, in der Bibel zu lesen. Der Pfarrer des Dorfes war gleichzeitig für die Schulen zuständig. Meist stellte er einen Lehrer ein, der gleichzeitig auch die Kirchenglocken läuten, die Kirche vor dem Gottesdienst schmücken, die Kerzen anzünden und mit den Schülern bei Beerdigungen und sonntags in der Kirche singen musste. Die Dorflehrer hatten nicht studiert. Sie waren nur einige Jahre zu einem anderen Schulmeister in die Lehre gegangen. Oft waren sie schon im Alter von 17 Jahren mit der Ausbildung fertig und begannen eine Dorfschule zu leiten.

Heute stehen in den Lesebüchern viele Märchen und Erzählungen. Das war damals anders. Die Württembergische Schulordnung schreibt 1559 vor, dass keine »unnützen Fabelschriften« gelesen werden dürfen, damit sind unterhaltsame Geschichten gemeint. Als Schulbuch diente meist die Bibel. Rechnen wurde in den Dorfschulen erst spät unterrichtet. Wer seine Hausaufgaben nicht gemacht hatte oder im Unterricht unaufmerksam war, bekam vom Lehrer Schläge. Jungen und Mädchen durften im Unterricht nicht nebeneinander sitzen. Laut Gesetz mussten nur Jungen zur Schule gehen. In Württemberg sollten ab 1569 Jungen und Mädchen die Deutsche Schule besuchen.

In Baden gibt es seit 1803 eine allgemeine Schulpflicht. In der Realität gingen aber lange nicht alle Kinder zur Schule. Viele Bauernfamilien erlaubten es ihren Kindern nur im Winter und bei Regenwetter in den Unterricht zu gehen. Bei schönem Wetter im Frühling, Sommer und Herbst mussten die Kinder mit aufs Feld. Ehe es Landmaschinen gab, gab es auf den Höfen mehr Arbeit als Menschen, die sie erledigen konnten.

Schule und Arbeit

Dorfschulklassen lernten viele religiöse Lieder.

Mitmachkasten!

Schneide einen Federkiel!

DU BRAUCHST:
eine große Feder, etwa von einer Gans oder Ente, ein scharfes Messer, einen Backofen, eine Auflaufform, Sand, ein Tintenfass, Papier.

SO GEHT'S:
1. Fülle Sand in die feuerfeste Form und stelle sie etwa 15 Minuten bei 200 Grad in den Backofen. Lass dir von den Eltern helfen.
2. Hole die Sandform mit einem dicken Topflappen aus dem Ofen und stecke den Federkiel hinein. Dreh das Ende hin und her, damit es hart wird. Schneide den Kiel mit einem Messer schräg ab.
3. Trenne das kleine Häutchen im Inneren heraus und schneide die Spitze dann etwa 3 Millimeter ein. Nun kannst du die Feder in Tinte tauchen und schreiben. Zuerst gibt es Kleckse. Man muss eine Weile üben, bis man mit dem Kiel sauber schreiben kann.

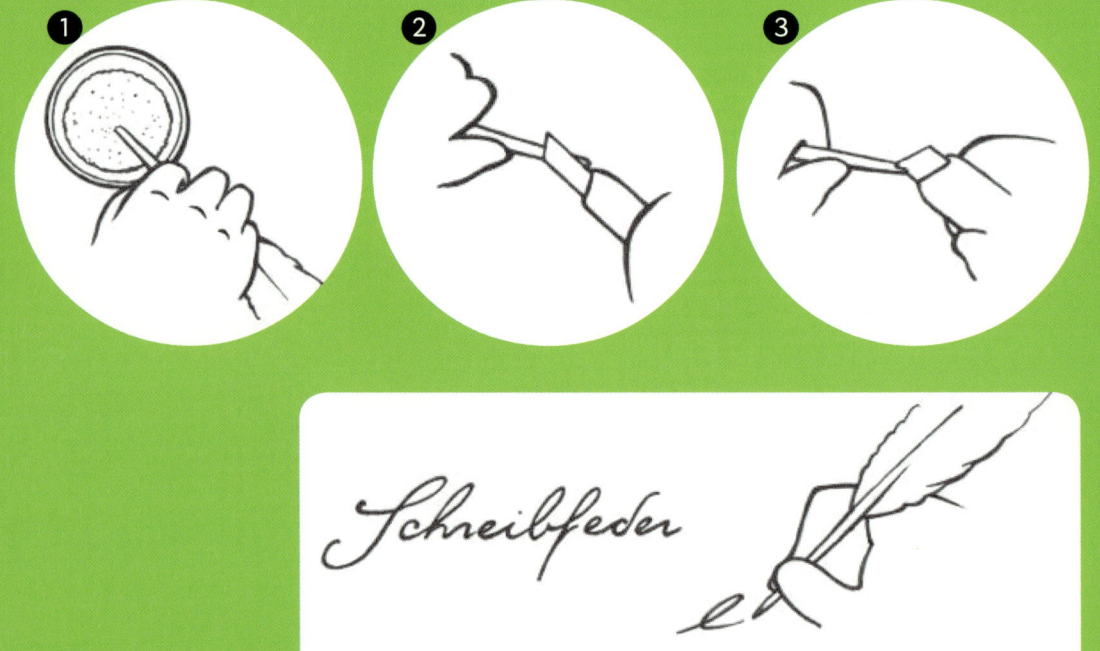

Warum gingen viele Jugendliche vom Land in die Stadt?

Max Eyth, der in Stuttgart studiert hatte, machte vor etwa 150 Jahren den Dampfpflug in Deutschland populär und verbesserte ihn. Dieser ersetzte den von Tieren gezogenen Pflug. Auch Dampfdreschmaschinen verbreiteten sich. Zuvor hatte man das Korn mit Dreschflegeln geschlagen um die Körner zu lösen, was viel Arbeit bedeutete. Die Arbeit auf den Höfen wurde durch Maschinen leichter. Nun durften auch fast alle Bauernkinder zur Schule, meist sieben oder acht Jahre lang. Im Alter von 14 oder 15 Jahren wurden die Kinder aus der Schule entlassen. Und was kam dann?

Das Bild »Mittagsrast bei der Ernte« – gemalt von Theodor Schütz (1861), ist im Besitz der Staatsgalerie in Stuttgart.

Schule und Arbeit

In seinem Buch machte Max Eyth den Dampfpflug bekannt.

Wenn eine Familie mehr Kinder hatte, als sie für die Landarbeit brauchen konnte, dann mussten die Mädchen schon im Alter von 14 Jahren das Elternhaus verlassen. Sie suchten sich eine Stellung, meist in der nächsten Stadt. Oft half der Pfarrer, eine Arbeit in einer anständigen Familie in der Stadt zu finden. Der Lohn war niedrig. Die Dienstmädchen bekamen oft billiges Essen und eine winzige Stube. Sie arbeiteten bis zu 16 Stunden am Tag im Haushalt. Sie holten Wasser aus dem Brunnen, kochten die Wäsche in großen Holzbottichen, bügelten, bereiteten das Essen zu und servierten es, heizten die Wohnung mit Holz und Kohlen und kümmerten sich um die Kinder. Reiche Familien in der Stadt hatten mehrere Dienstboten.

CARL BENZ

Der 1844 in Karlsruhe geborene Carl Benz besaß den ersten »Führerschein« der Welt, ausgestellt am 1. August 1888 vom Großherzoglich-Badischen Bezirksamt. Die erste Fernfahrt mit dem dreirädrigen Auto aber machte seine Frau Bertha gemeinsam mit ihren Söhnen..

Die Arbeit der Bauern im Winter

Interview mit den Strohschuhflechtern Marlies und Siegfried Adler

Ehepaar Adler

Guten Tag Frau Adler, guten Tag Herr Adler. Sie stellen Strohschuhe her. Wer trägt denn solche Schuhe?
Menschen kaufen bei uns Strohschuhe, weil sie ihnen gefallen. Es gibt auch Faschingszünfte, die die Schuhe haben wollen, weil sie zu vielen traditionellen Kostümen gehören

Gibt es schon lange Strohschuhwerkstätten?
Nein! Vor 100 Jahren hat niemand Strohschuhe gekauft. Sie galten als Armeleuteschuhe. Die wurden selbst gemacht. Die Bauern hatten wenig Geld. Sie wollten möglichst alles, was sie brauchten, selbst herstellen. Im Winter gab es auf den Feldern wenig zu tun, es wurde drinnen gearbeitet. Man hat kaputte Werkzeuge und Kleider ausgebessert, Wolle und Flachs wurden gesponnen, Stoffe gewebt. Bäuerinnen und Bauern flochten aus den Strohhalmen Zöpfe und nähten sie danach aneinander. Anschließend überzogen sie die Strohschuhe meist mit alten, kaputten Gummischläuchen, damit sie bei der Arbeit auch im Regen keine nassen Füße bekamen. Die Schuhe fütterten sie für den Winter.

Benutzen Sie für Ihre Strohschuhe dasselbe Material wie die Bauern früher?
Zum Teil. Wir machen heute die Schuhe immer noch aus Maisstroh, aber nicht mehr aus Weizen. Die Stängel der heutigen Getreidesorten eignen sich nicht, da sie zu kurz sind. Sie lassen sich dadurch leichter mit Maschinen ernten.

Strohschuhe aus Maisstroh

Warum gibt es in der Region Stuttgart heute so viel Industrie?

Auf der Alb und um Stuttgart bekam jeder Sohn und jede Tochter genau denselben Anteil vom Besitz der Eltern. Alle Äcker und Wiesen wurden aufgeteilt, und manchmal, wenn ein Paar mehrere Kinder hatte, dann bekam jedes Kind etwa einen schmalen Streifen Wiese mit vier Obstbäumen, ein schmales Gärtchen, einen winzigen Acker und einige Zimmer des Elternhauses. Das Land reichte, um Obst und Gemüse für die eigene Familie zu ernten. Um Lebensmittel zu verkaufen, reichte es aber oft nicht. Wenn die Familie gerne in eine eigene Wohnung ziehen wollte, dann musste ein Elternteil sich einen Zuverdienst suchen. Für die Fabrikbesitzer war das gut, denn es gab fleißige Arbeiterinnen und Arbeiter, die keinen sehr hohen Lohn bekamen, denn sie lebten ja nicht alleine von der Fabrikarbeit.

In Stuttgart und Umgebung wurden viele Firmen gegründet, die schnell wuchsen. Noch heute stehen am Neckar, an der Fils und der Rems Automobilfabriken und Firmen, die Autoteile fertigen. Es werden Büroartikel und Maschinen, Motorsägen und Bücher hergestellt. Und noch immer gibt es einige Nebenerwerbslandwirte. Man nennt sie auch Feierabendbäuerle. Sie lassen ihren eigenen Apfelsaft aus eigenen Äpfeln pressen, haben oft einige Hühner, manchmal einen kleinen Weinberg mit Trauben, die sie im Herbst zur Genossenschaft bringen, weil es sich nicht lohnt, die wenigen Trauben selbst zu Wein zu machen. In Hohenlohe,

Handtuchfelder bei Laichingen

Schule und Arbeit

Fabrik in Stuttgart-Untertürkheim

im Hochschwarzwald oder in Oberschwaben gibt es heute noch große Bauernhöfe. Die Landwirte leben alleine vom Verkauf ihrer Ernte und ihrer Tiere. Wenn die Eltern starben, wurden die Höfe seit Jahrhunderten jeweils an ein Kind der Familie weitergegeben. Meist war es der älteste Sohn, der den Hof übernahm. So blieb das Land beisammen.

Gottlieb Daimler und Wilhelm Maybach

Wilhelm Maybach, geboren 1846 in Heilbronn, und Gottlieb Daimler, geboren 1834 in Schorndorf, haben zusammen 1885 das erste Motorrad der Welt mit Verbrennungsmotor gebaut. Die erste Fahrt machte damit Gottlieb Daimlers Sohn Paul in Bad Cannstatt. Gottlieb Daimler und Wilhelm Maybach sind aber nicht nur die Erfinder des Reitwagens, wie sie das motorbetriebene Zweirad nannten. Sie haben auch das erste Motorboot und den ersten Lastwagen der Welt gebaut.

Anhang | Ausflugtipps

Weitere Ausflugtipps

In Baden-Württemberg gibt es neben den ausführlich beschriebenen Orten viele weitere Möglichkeiten, Geschichte zu erleben. Hier findest du zu den Kapiteln des Buches weitere Ausflugtipps.

Ausflugstipps zur
Erdgeschichte .... Seite 6

Besucherbergwerk Finstergrund	Wieden
Besuchersteinbruch und Urweltmuseum	Holzmaden
Charlottenhöhle	Giengen an der Brenz
Gutenberghöhle	Lenningen
Kalimuseum	Buggingen
Muschelkalkmuseum Hagdorn	Ingelfingen
Nebelhöhle	Sonnenbühl-Genkingen
Schneckenpflaster	Ofterdingen
Urweltmuseum	Aalen

Anhang | Ausflugtipps

Ausflugstipps zur Frühgeschichte des Menschen .... Seite 20

Höhle Hohle Fels	Schelklingen

Nur im Sommer sonntags geöffnet. Im Winter zum Fledermausschutz geschlossen.

Museum am Institut für Geowissenschaften	Heidelberg
Steinzeitmuseum	Korb-Kleinheppach
Urgeschichtliches Museum	Blaubeuren
Urgeschichtliches Museum	Mauer
Urmensch-Museum	Steinheim an der Murr

Ausflugstipps zum Thema Essen und Trinken .... Seite 32

Bonbonmuseum	Vaihingen/Enz
Deutsches Landwirtschaftsmuseum	Stuttgart-Hohenheim
Deutsches Zuckerbäckermuseum	Kraichtal
Schwarzwälder Schinken-Museum	Feldberg

Ausflugstipps zum Thema Mode .... Seite 48

Knopfmuseum	Warthausen
Miedermuseum	Heubach
Mustang-Jeans-Museum	Künzelsau
Salamander-Museum	Kornwestheim
Schwäbisches Trachtenmusem	Haslach im Kinzigtal
Trachtensammlung des Schwäbischen Albvereins	Pfullingen

Anhang | Ausflugtipps

Ausflugstipps zum
Wohnen in früheren Zeiten
.... Seite 60

Bauernhaus-Museum .... Wolfegg
Freilichtmuseum .... Beuren
Freilichtmuseum .... Neuhausen ob Eck
Oberschwäbisches Museumsdorf .... Kürnbach
Odenwälder Freilandmuseum .... Gottersdorf
Schwarzwälder Freilichtmuseum Vogtsbauernhof .... Gutach

Ausflugstipps zu
Altem Spielzeug
.... Seite 78

Auto- und Spielzeugmuseum »Boxenstop« .... Tübingen
Cafe »Zum Puppenhaus« .... Immenstaad-Kippenhausen
Museum für Modelleisenbahnen und Modellautos .... Steißlingen
Museum Ravensburger .... Ravensburg
Puppen- und Spielzeugmuseum .... Dornstetten
Puppen- und Spielzeugmuseum .... Nordrach
Puppen- und Spielzeugmuseum .... Rottweil
Puppenmuseum .... Bad Schönborn
Puppenmuseum .... Staufen im Breisgau
Spielzeugmuseum »Zum kleinen Hannes« .... Hinterzarten
Städtisches Museum im »Storchen« .... Göppingen
Das Kleine Museum .... Hagnau am Bodensee
Steiff Museum .... Giengen an der Brenz

Ausflugstipps zu
Blei und Silber
.... Seite 96

Blei- und Silberbergwerk »Grube Wenzel«	Oberwolfach-Kirche
Blei- und Silberbergwerk »Marie in der Kohlbach«	Weinheim
Blei- und Silberbergwerk »Teufelsgrund«	Münstertal
Bleiglanz- und Silberbergwerk »Silbergründle«	Seebach
Eisenerzbergwerk »Frischglück«	Neuenbürg
Eisenerzbergwerk »Tiefer Stollen«	Aalen-Wasseralfingen
Magnetkies und Nickelerz-Bergwerk »Hoffnungsstollen«	Todtmoos-Berghütte
Salzbergwerk Bad Friedrichshall-Kochendorf	
Silber- und Vitriol-Bergwerk »Anna-Elisabeth«	Schriesheim
Silber-, Kupfer-, Schwerspat-Bergwerk »Himmlisch Heer«	Dornstetten-Hallwangen
Silberbergwerk »Carolinen-Grube«	Sexau
Silberbergwerk »Finstergrund«	Wieden
Silberbergwerk »Friedrichs Fundgrube«	Freudenstadt
Silberbergwerk Schauinsland	Freiburg
Silberbergwerk Suggental	Denzlingen
Silbergrube »Segen Gottes«	Haslach-Schnellingen

Wie die Baden-Württemberger babble und schwätze

Wie spricht man in Deutschland?

In Deutschland spricht man Deutsch. Dieses Deutsch ist erst 500 Jahre alt, etwa so alt wie der Buchdruck mit beweglichen Buchstaben. Davor haben sich die Menschen in Deutschland auch verstanden. Es gab zwar keinen einheitlichen deutschen Staat, aber seit 1500 Jahren trafen sich zumindest die hohen Adeligen zu Reichstagen. Man brauchte also eine gemeinsame Sprache. Deutsch klang und klingt aber in den verschiedenen Regionen sehr unterschiedlich, denn dort spricht man verschiedene Dialekte.

Wie spricht man in Baden-Württemberg?

Oft gibt es schon zwischen dicht nebeneinander liegenden Orten Dialektunterschiede. In Karlsruhe liegen sogar zwischen den Stadtteilen Sprachgrenzen. Grob kann man Baden-Württemberg aber in drei Dialekte aufteilen. In Hohenlohe, in Mannheim oder Karlsruhe wird ein fränkischer Dialekt gesprochen. Im Südschwarzwald und am Bodensee, aber auch bis weit in die Schweiz und im Österreichischen Vorarlberg sprechen die Menschen Alemannisch. Schwäbisch spricht man in der Mitte Baden-Württembergs, in Stuttgart auf der Schwäbischen Alb, aber auch in Teilen Bayerns.

Anhang | Dialekte

Allemannisch und Schwäbisch:

Die Dialekte unterscheiden sich vor allem bei den zusammengezogenen Selbstlauten Ei und Au.

Hochdeutsch	Eis	Zeit	Haus
Alemannisch	Iis	Ziit	Huus
Schwäbisch	Ais	Zaid	Haus

Wenn jemand sagt, wo er gewesen ist, kann man auch die Unterschiede hören:

Hochdeutsch	Ich bin im Urlaub gewesen
Alemannisch	I bin im Urlaub gsi
Schwäbisch	I ben im Urlaub gwä oder I ben im Urlaub gwäsa

Fränkisch und Schwäbisch:

Die Dialekte unterscheiden sich vor Allem bei Ei, A, B und G

Hochdeutsch	Seil	Hase	oben	sagen
Fränkisch	Saal	Hoos	owa	soocha
Schwäbisch	Soil	Haas	ooba	saga

Welche Wörter kennt man nur bei uns?

Die meisten Wörter der Dialekte sind zumindest mit den hochdeutschen Wörtern verwandt. Das ist aber nicht bei allen so. Eines der Wörter, von dem es die meisten Varianten gibt, ist die Kartoffel, denn zu der sagt man in Oberschwaben Bodabiira, um Freiburg Herdäpfel und andernorts Grumbiira.

Johann Peter Hebel

Als Johann Peter Hebel 1801 sein Buch »Alemannische Gedichte« veröffentlichen wollte, fand er zuerst keinen Verleger. Es war unüblich, Bücher im Dialekt zu schreiben. Die Gedichte waren in der Mundart des Wiesentals verfasst. Das liegt im Südschwarzwald. Johann Peter Hebel war dort aufgewachsen. Ein Beispiel aus seinen Gedichten: »Willkumm Her Storch! bisch au scho do, und schmecksch im Weiher d'Frösche scho?«

Anhang | Dialekte

Die Mundarten in Baden-Württemberg

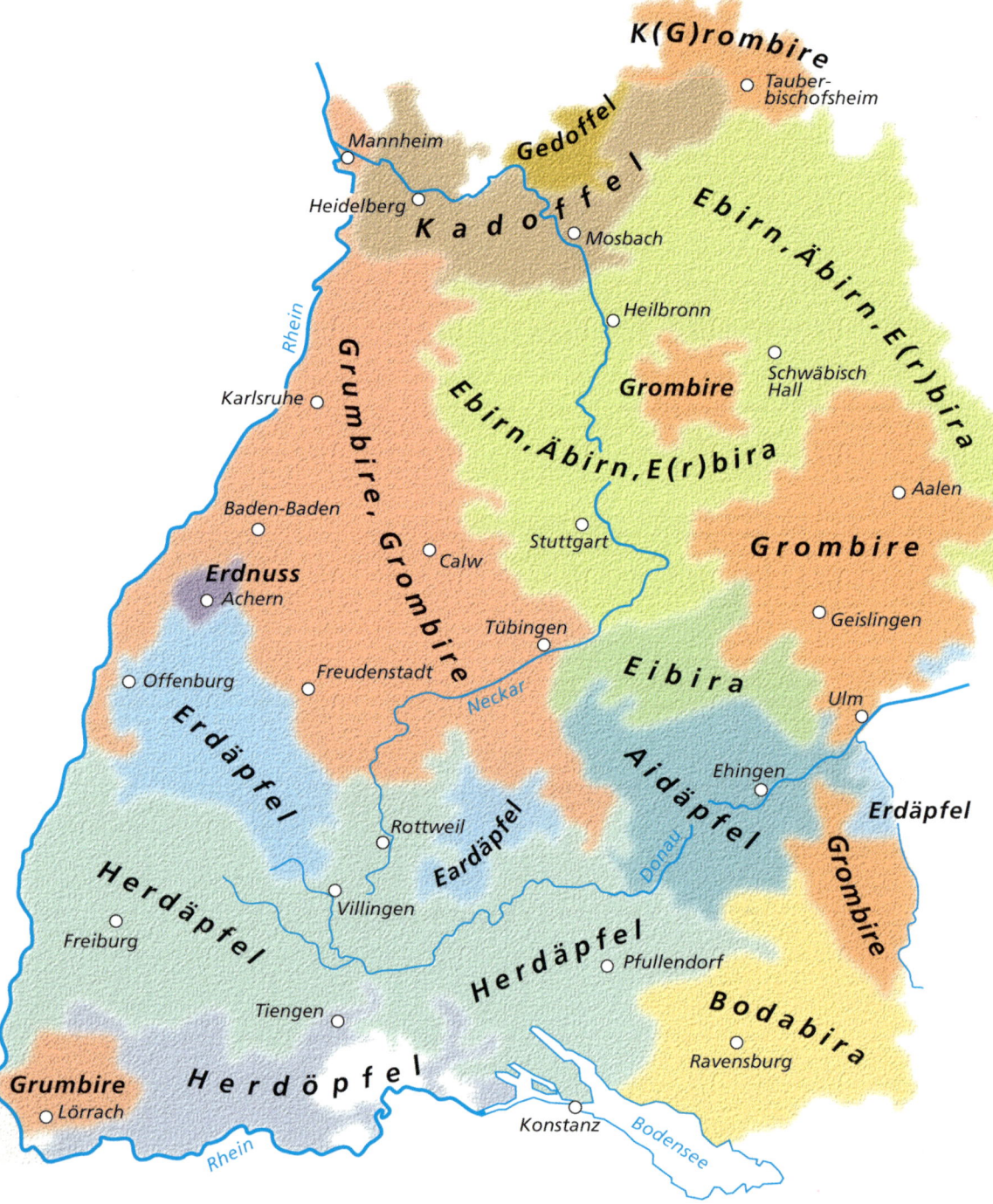

Karte: www.geografik.net

Wer sind Ätsch und Gäbele?

Interview mit Stefan Hallmayer, dem Leiter des Theaters Lindenhof in Burladingen-Melchingen

Stefan Hallmeyer

Wann heißen Sie Stefan Hallmayer und wann Gäbele?
Gäbele heiße ich nur, wenn ich für Kinder einen schwäbischen Clown spiele. Der andere Clown heißt dann Ätsch. Zusammen sind wir Ätschagäbele. Ätschgäbele sagt man im Schwäbischen, wenn man über jemanden spottet. Ätsch und Gäbele sind zwei Clowns, von denen einer besser sein will als der andere, die sich deswegen streiten und am Ende merken, dass es doch am Schönsten ist, miteinander zu spielen.

Können auch Kinder von anderswo das Theaterstück verstehen?
Ja. Wir sind mit dem Theaterstück mit dem Titel »Niemando« – also »Da ist keiner« – auch in Bonn und Bremen aufgetreten und auch vor vielen ausländischen Kindern, die nicht gut Deutsch oder Schwäbisch konnten. Wir sprechen wenig auf der Bühne – und das Tolle am Schwäbischen ist, dass man schon oft am Klang erkennen kann, was gemeint ist. Es gibt ganz viele Laute wie »Ähä!« oder »Äh?«.

Sprechen Sie auch in Theaterstücken für Erwachsene Schwäbisch?
In manchen ja, gerade wenn sie auf dem Land spielen. Das wirkt natürlicher, als wenn wir so ein Stück in Hochdeutsch spielen. Wir haben zum Beispiel ein Stück über einen sehr mutigen Mann im Programm, der auf der Alb aufgewachsen ist, Georg Elser. Dabei sprechen wir auch Dialekt, weil eben dieser Mann im Dialekt sprach.

Und privat?
Mit meiner Mutter und meinen Brüdern spreche ich breites Schwäbisch. Wenn man mit jemandem redet, will man ja verstanden werden. Sonst ist man unhöflich. Im Beruf spreche ich meist Hochdeutsch mit schwäbischem Klang. In Italien versuche ich auch Italienisch zu sprechen.

Anhang | Die Epochen der Geschichte Baden-Württembergs

Die Zeit, als die ersten Menschen in unserer Region lebten, nennt man Vorgeschichte. Man teilt sie ein in Steinzeit, Bronzezeit und Eisenzeit –, je nach den Materialien, aus denen die Menschen ihre Werkzeuge herstellten. Die Menschen der Eisenzeit gehörten den großen Volksgruppen der Kelten und Germanen an.

An die Vorgeschichte schließt sich bei uns die Zeit der Römischen Antike an. Unsere Kultur wurde stark von den Gewohnheiten der Eroberer geprägt.

Nach dem Rückzug der Römer beginnt das Mittelalter. Es ist eine lange Epoche, die über 1 000 Jahre dauerte. Während dieser Zeit hat sich viel verändert. Die christliche Religion verbreitete sich. Viele Burgen, Klöster, Kirchen und Städte stammen aus dieser Zeit.

Seit der Entdeckung Amerikas und der Erfindung des Buchdrucks mit beweglichen Lettern spricht man von der Frühen Neuzeit. Bildung und Handel werden immer wichtiger.

Anhang | Die Epochen der Geschichte Baden-Württembergs

Um 1850 beginnt die Zeit der Industrialisierung. Eisenbahnlinien werden gebaut, das Auto erfunden, und immer mehr Produkte entstehen in Fabriken.

Im Zwanzigsten Jahrhundert erlebten die Menschen bei uns zwei Weltkriege und danach 50 Jahre Frieden. Nun wurde das Leben immer internationaler. Die Menschen reisten mehr und die Europäische Union wurde gegründet.

In Stuttgart gibt es ein Geschichtsmuseum für Kinder. Das Junge Schloss führt Kinder und Familien spielerisch an Themen der regionalen Geschichte heran. Immer wieder gibt es neue Ausstellungen, bei denen man selbst ausprobieren kann, wie Kinder und Erwachsene früher lebten.

www.junges-schloss.de

Margit Auer

DER RÖMISCHE GEHEIMBUND

Krimi für Kinder
Broschur, 208 Seiten
ISBN 978-3-89705-959-7

Im Jahr 133 nach Christus: Magnus und Finn machen sich auf den Weg über die Alpen, um ihren alten Freund Rocko zu besuchen. Doch als die beiden Freunde in Rom ankommen, erleben sie eine böse Überraschung: Rocko wurde verhaftet – und das, obwohl er als Arzt inzwischen reich und berühmt ist und sogar einen Gladiator betreut. Wer steckt dahinter? Was bedeuten die mysteriösen Zeichen an den Haustüren? Und wie lautet das Losungswort fürs Kolosseum? Wie gut, dass die Kinder nebenbei den Lieferservice »cena celeris«, »Schnelles Abendessen«, betreiben: Der Duft des warmen Fladenbrots öffnet so manche Tür – denn auch Verbrecher haben Hunger!

»›Der römische Geheimbund‹ *ist mehr als eine spannende Erzählung. Margit Auers Buch ist nicht nur unterhaltend, es ist auch informativ. Die Vermischung der Darstellung antiken Lebens mit den Abenteuern von Magnus und Finn machen das Buch zu einem Lesevergnügen –, auch für Erwachsene. Das besondere Verdienst Margit Auers ist, dass ihr Buch Kindern und Jugendlichen die Welt der Antike näherbringt.«* Mittelbayerische Zeitung

Werbung 125

Christina Bacher

BOLLE UND DIE BOLZPLATZBANDE – HAI– ALARM

Köln Krimi für Pänz
Broschur, ca. 160 Seiten
ISBN 978-3-95451-524-0
erscheint im April

NEUES VON DER BOLZPLATZBANDE!
Eine Überfallserie auf Juweliergeschäfte hält die Kölner Nordstadt in Atem – und immer markieren die Diebe die Hauswand mit einem Kreide-Hai. Als der zwölfjährige Wladi mitansehen muss, wie seine eigene goldene Uhr gestohlen wird, macht er sich gemeinsam mit seinen Freunden Sema, Laura und Kevin auf die Suche nach den Verbrechern. Wie immer tut die Bolzplatzbande alles, um schneller zu sein, als es die Polizei erlaubt – und gerät dabei in einen Immobilienskandal, der vielen Kölnern ihr Zuhause nehmen soll. Ist dieser Fall eine Nummer zu groß für sie …?
Ein pfiffiges Ermittlerteam mit Wurzeln in Köln, Tadschikistan, Indonesien und der Türkei stellt seinen Spürsinn unter Beweis. Zum Mitraten und Mitfiebern.

»*Der Tiger-Hai hat ein Gebiss, das in der Lage ist, einen Schildkrötenpanzer zu zersägen. Man spricht da also nicht umsonst von einem Immobilien-Hai. Der frisst jeden, der kleiner ist, als er selbst.*«

Hier kannst du dir Sachen aufschreiben

Bildnachweis

Frontispitz: Thinkstock, getty images, Umschlagseite vorne o. re, 12 u. LUBW, 13 dontworry, 14 Docteur Ralph, 15, 16 Marco Verch, 18/19, 19 Eugen Lehle, 25 Carole Raddato, 28 Cholo Aleman, 29, 33 Thilo Park, 34 The Yorck Project, 36 carport, 40, 43 A-kovt, 44 o. Museum der Brotkultur, Frank C. Müller, 46 Dr. Günter Pinzke, 47 u. Peter Schmelzle, 53 Nicholas Hilliard, 58 dorotheum, 73, 78 Rosemania, 80 Andreas Praefcke, 85 Goldi64, 86 Coaster J, 90/91 Andreas Praefcke, 92 o. Franzfoto, 92 u. Andreas Praefke, 95 Kurt Hoffmeister, 97, 117 Anagoria, 99 re. Wolfgang Sauber, 100 Georg Sander, 101 o. Rogier van der Weyden, 101 u. Nick Allen, 102 Jacob Gerber, 105, 109, 110 Thomoesch, 123 o. Wikimedia commons; 38/39, 42, 52 u., 53 li., 66, 96, 98 Landesmuseum Württemberg; 47 Landesarchiv Baden-Württemberg; 35, 79 Badisches Landesmuseum, 24/25, 51, 72, 113 Landesmedienzentrum Baden-Württemberg (LMZ); Umschlag vorne li. 1, 4/5, 10, 11, 14/15, 24/25, 45, 62/63, 76/77, 88 Thinkstock, getty images; 10 u. Touristik-Information Bad Buchau, 12 u., 114 o. Touristik-Information Vogtsburg i.K., 17; Fremdenverkehrsgemeinschaft Schwäbischer Wald, 21 Museum Blaubeuren, 22 o., 114 u.re. Universität Tübingen, Umschlagseite hinten o. li., 22 u., 115 o. Archäologischer Park Vogelherd, 30 Gertrud Friesen, 30 u. Frank Eppler, 41 Ute Friesen, 44 u. Museum der Brotkultur, Frank C. Müller, 48 Wien Museum, 55 o. Jürgen Hohl, 55 Rolf Schramm, 54 Archiv Radolfzell, 56 Stadtmuseum Horb, 57 Puppenmuseum Staufen, 65 Stadtarchiv Schwäbisch Gemünd, Sammlung Seiz, 69 Mustang, Ines Risi, 68/69, 116 o. Staatliche Schlösser und Gärten Baden-Württemberg, 70 Stadtarchiv Karlsruhe, 71 Freilichtmuseum Wackershofen, 74 Landschaftsverband-Westfalen-Lippe, 75 o. und u. Roland Schmitt, 77 Andreas Praefcke, 83, 123 Kindermissionswerk, Klaus Venus, 84 Narrenzunft Bräunlingen, 87 Landeskirchliches Archiv Karlsruhe, 88 Margarete Steiff GmbH, 89 o. und u., 116 u. Gebr. Märklin & Cie. GmbH, 93 akg-images, 94 Stadt Mannheim, 99 Stollengemeinschaft der historischen Bergwerke Neubulach e.V., 111 o. und u. Siegried Adler, 112 Stadtarchiv Karlsruhe, 110 und 113 Mercedes-Benz-Classik, 121 und 122 Geografik, Grafik: Axel Bengsch, aus Eckart Frahm (Hg.), Renaissance des Dialekts. Tübingen: Tübinger Vereinigung für Volkskunde, 2003, 123 akg-images;

Illustrationen: 6/7, 8/9, 20/21, 32/33, 60/61, 81, 106/107: Claudia Carls
Illustrationen: 19, 27, 37, 48, 49, 64, 108: Reiner Tintel
Illustration 13: Rüdiger Trebels

Der Verlag dankt allen Bildgebern ganz herzlich für die Bereitschaft, dieses Buchprojekt mit umfangreichem Bildmaterial unterstützt zu haben. Der Verlag und die Autorin haben sich um die Rechteeinholung bemüht. Nicht in allen Fällen ist uns dies gelungen. Sollten Rechte geltend gemacht werden, bitten wir die Rechteinhaber sich mit dem Nachweis direkt an den Verlag zu wenden.

Bibliografische Information der Deutschen Nationalbibliothek
Die Deutsche Nationalbibliothek verzeichnet diese Publikation
in der Deutschen Nationalbibliografie; detaillierte bibliografische Daten
sind im Internet über http://dnb.d-nb.de abrufbar.

Umschlaggestaltung: init | Kommunikationsdesign, Bad Oeynhausen

© 2015 Emons Verlag GmbH
Alle Rechte vorbehalten

Projektleitung: Rüdiger Müller
Illustrationen: Claudia Carls, Hamburg
Satz und Gestaltung: init | Kommunikationsdesign, Bad Oeynhausen

Druck und Bindung: B.O.S.S Medien GmbH, Goch

ISBN 978-3-95451-517-2

Unser Newsletter informiert Sie
regelmäßig über Neues von emons:
Kostenlos bestellen unter
www.emons-verlag.de